吉田輝幸

腹筋を割る技術

幻冬舎新書
353

はじめに

いま、仕事の第一線でバリバリ働くビジネスパーソンには、ジムに通って体を鍛えている人が非常に多い。総務省が2012年に公表した「平成23年社会生活基本調査」の結果から日本でのスポーツの実施状況をまとめたトピックを見ても、10歳以上の人で過去1年間に何らかのスポーツを行なった人の割合（行動者率）は、「器具を使ったトレーニング」が25年前（1986年）と比べて30代で5・0パーセント増えており、40代も7・0パーセント増、50代でも6・2パーセント増、働き盛り世代のトレーニング人口が増えている（ちなみにサッカーやサイクリングも広い世代で増えているが、いまブームのジョギング・マラソンは25年前と比べて意外と横ばい状態だ）。私がこの仕事を始めたのもいまから20年近く前になるが、当時と比べてジムで筋トレをする30〜40代ビジネスパーソンの割合が増えていることは実際に感じている。

私は現在、パーソナルトレーナーとしてこうしたビジネスパーソンや経営者などのエグゼクティブの体づくりをサポートする仕事に従事している。クライアントの中には、ＥＸＩＬＥをはじめとするパフォーマーやアーティスト、モデル、プロのスポーツ選手も多数いる。私自身、子どもの頃からスポーツ好きで学生時代は陸上選手として活動し、体とは縁の深い人生を歩んできた。大学生活と並行してトレーナーとして働き始め、人の体にも携わるようになってからは、トレーニングや体づくりに関する理論や手法の変遷を時代とともに身をもって経験してきた。

特に、20代半ばでアメリカに渡り、そこで出会った最先端のトレーニングには大きな衝撃を受け、自分の転機となった。

アリゾナ州にあるアスリート専門施設「アスリーツパフォーマンス」には、大リーグ選手や全米フットボール選手など世界トップレベルのアスリートがこぞって通っていた。そこで行なっていたのは、日本で主流だった「パワー志向」、パワーをつければ強くなれるといった考え方とはまったく異なる、「人間本来の体のつくりや機能に着目し、体の動かし方を根本から変えていく」という革新的なものだったのだ。

このアメリカでの経験を経て、私も「コア・パフォーマンス」という独自のメソッドを確立し、それをベースに現在、多数のプロのアスリートやパフォーマーたちの指導にあたっている。コアという体の核（中心）を重視すると、スポーツやダンスのあらゆる場面で体の使い方が根本から変わり、体本来の力を引き出せる。プロに求められるハイレベルなパフォーマンスを最大限発揮できるようになるのだ。

コアを重視すれば、プロに限らず一般の人の体も変わる。効率的に腹筋を割ることも可能になる。コアのさらに中心にあるのが実は「腹筋」だからである。

腹筋は、誰にでもあるもので、日常のあらゆる動作に関わる。しかし実はさまざまな誤解もされている。割りたいと思ったときの鍛え方にも、誤った考え方や効率的でない方法が多く、効果が出なかったり、回り道になったり、挙げ句の果てにケガやトラブルのもとにまでなっているのが現状だ。

本書では、腹筋に関するさまざまな誤解を解きながら、効率よく、最短距離で腹筋を割る方法を紹介する。私は長年の選手生活やトレーナー人生の中で自分の肉体を使って〝人体実験〟してきた。陸上選手時代はストイックな筋トレで体を絞り、20代前半は打って変わって筋骨隆々に変身した。20代後半は85キロまで体をデカくしたこともある（いまより約20キロ増。重すぎて大きすぎて、サーフボードに乗れなかった）。パワーだけに頼って目の当たりにした限界があったが、それによって生まれた新たなメソッドもあった。

本書では、そんな数々の経験も踏まえて得られた正しい知識に基づく、本当に効果的な方法をお伝えする。

腹筋にまつわる誤解、その最たるものは「腹筋を割るのは大変だ」という思い込みだろう。本書を開きながら、内心ではそのとおりだと思っている人もいるのではないだろうか？　私のクライアントでも、体のことを熟知していそうなプロ野球選手でさえ「何をやっても腹筋だけは割れない。自分の腹筋はほかの人と違って、もともと割れない腹筋だ」などと言ったりする。

断言しておくが、これは誤りだ。腹筋は誰でも割れる。

ただ、腹筋というものの真実を知らない、正しい知識がないから割れる鍛え方ができていないだけなのだ。

体の中心にある腹筋を正しく鍛えれば、全身の見た目も変わり、健康面でも多くのメリットがある。また、トレーニングや生活改善を長きにわたり続けていく中では、意識改革も起こり、メンタル面も鍛えられる。ＥＸＩＬＥのＨＩＲＯさんやメンバーたち、プロのアスリート、そして著名な経営者など各界のトップを走る人たちをそばで見ていると、その意識の高さや精神性には心を動かされる。

いま、多くのビジネスパーソンが自分の体に目を向け、鍛えているのは、こうした目に見えない効果に気づき、自分も心身ともに磨き上げようとしているのではないだろうか。本書を読むことであなたもぜひ、割れた腹筋とともにたくましい肉体と研ぎすまされた感性、タフな精神性を手にしていただきたい。

腹筋を割る技術／目次

はじめに 3

第1章 なぜ、腹筋を割るといいのか 17

腹筋は男のもうひとつの顔 18
腹筋を割ると頭の切り替えが速くなる 20
脳力アップには脳トレより筋トレ 23
脳細胞そのものが増える 25
快楽系ホルモンでやる気がみなぎる 27
成功者の腹筋が割れている理由 29
セルフコントロールがもたらすもの 33
好感を持たれ強運体質になる 35
筋トレをしている人はなぜ若々しいのか 36
筋トレによるもうひとつのアンチエイジング効果 38
脳のアンチエイジングにも効果大 40
ロコモと無縁の長持ちする体に 42

第2章　腹筋のうそ・ほんと　47

目標はもうクリアしている？　48
「食べていないのに太る」はあり得ない　50
体の黒字経営はよくない　51
食べなければ腹筋は割れるが……　53
筋肉が少ないと2割増で太って見える　54
筋肉は重力に抗い全身をリフトアップさせる　58
脱・体重偏重主義、体脂肪率重視へ　59
ＥＸＩＬＥの体脂肪率は　60
体脂肪を減らすには有酸素運動がベストか？　63
筋トレは寝ている間もカロリー消費？　65
筋トレ推しの理由　66
単純な赤字にはならない食事コントロールも　68
腹筋を割る筋トレの真実　69
上体起こしで下腹部は割れない　71
腹を割るための腹部の筋肉　72
腹筋を割るためのその他の筋肉　76

腹筋を割るのに背中と尻を鍛える理由 79
腹筋を割るために重要な食と睡眠 81
強さだけではない、筋肉の機能性 84

第3章 正しく動ける、使える、燃やせる体で、腹筋は割れる 87

「コア」の重要性を知る 88
コアは会社の経営陣 89
ランニングとコアの関係 90
拮抗筋抑制とは 92
コアにも十分なストレッチを 93
どんなスポーツもコアで変わる 96
あるプロ野球ピッチャーの事例 97
コアはあらゆる日常動作に関わる 98
「腹筋を割る」とコアの関係 101
コアを重視する理由 103
ファンクショナル・トレーニングとの出会い 105

いかに正しく使えていないかを知る 107
ファンクショナル・テストで体の使い方をチェック 110

第4章 「使える」体をつくりながら腹筋を割る ――実践編 119

基本となる正しい姿勢をマスターする 120
壁を使って姿勢をチェック 121
腹筋を割るトレーニング 123
◆毎日のストレッチ 125
◆トレーニングA（1日おき） 126
◆トレーニングB（1日おき） 129
日常生活でできるストレッチ 132

第5章　腹筋を割る生活習慣　135

腹を割る生活へのシフトは意識改革から　136
筋肉をつけるには睡眠も大事　137
眠れない人の傾向と対策　138
食べたものを記録して自分の食生活を把握する　139
極端な食事制限はリバウンドを招く　141
体重1キロあたり1・2グラムのたんぱく質を　142
腹筋を割るなら糖質は控える　144
1日6食、小分けにして食べる　146
体を酸化から守り脂肪がたまるのを防ぐ　147
吉田式分食スタイルのひな形　150
吉田式分食スタイルで成功者を続々輩出　153

第6章　腹筋を割る思考習慣　155

目的を明確にする　156
自分の思考・行動パターンやクセを知る　159

腹太りのタイプを把握し、効率的に取り組む 161
メタボ体型は食事制限の達成感を自信に変える 162
たるみ腹は皮下脂肪を燃やす有酸素運動も取り入れる 164
下腹太りは常に腹筋に意識を向けて目覚めさせる 166
目標は数値で設定する 168
腹筋を割る不動のルールに背かない 171
半強制的に筋トレを予定に組み込む 174
食事も計画を立ててスマホに入力 177
PLAN・DO・CHECKで進める 178
「一喜」はしても「一憂」はしない 182
段取り八分・仕事二分、筋トレも二分 184
2週間で腹筋を割る短期決戦プログラム 188
即効性を望む人も、自ずと長く続けたくなる 192
あとがき 194

構成　篠田麻由美
イラスト　長岡伸行

第1章

なぜ、腹筋を割るといいのか

腹筋は男のもうひとつの顔

「体を絞って腹を凹ませたい」「割れた腹筋を手に入れたい」

漠然とこうした思いを抱いている男性は世に多いと思う。この本が目に留まったということは、あなたもその一人かもしれない。

きれいに割れた腹筋は、鍛えた体の象徴だ。

そればかりか、節制、自己管理、ストイックさ、向上心、野心など、身体的な側面を超え、人としての能力の高さや魅力、生命力といったものまで想像させる。

割れた腹筋とは、男性にとって自分自身を語るもの。もうひとつの顔のようなものなのかもしれない。

トレーナーとして仕事をする中で、そうした実感を持つことがある。私がこの仕事を始めて、約20年。その間、何百人という人の体づくりに携わり、たくさんのクライアントを持たせていただいた。現在、クライアントの中には、プロのアスリート、アーティストやパフォーマー、経営者など、第一線の舞台で活躍する方々が多くいる。

彼らの傍らで思うのは、腹筋には「その人の生き方が表れる」ということだ。大げさな話ではない。体を鍛えるということは、自分の肉体というものに意識が向いていることにほかならない。

日々の生活を送り、仕事をし、能力を発揮し、人と関わりながら毎日を生きる。その最も基本の器となるのが、それぞれに与えられた肉体という資本である。磨き上げ、さらに高みを目指そうというのは、生きる真剣さの証しといえるのではないだろうか。

HIROさんをはじめEXILEのメンバーも、私の大切なクライアントである。日頃からトレーニングを欠かさず、自身の体を熟知し尽くしているHIROさんにとって、必要なときに必要なだけ、いや、それ以上のパフォーマンスが発揮できるよう、時期的な焦点があればそれに合わせて食事や生活習慣も変えていくといったコントロールは自在の域だ。パフォーマーを退いた現在もそれは変わらず、トレーニングでの体の動きの具合や、腹や胸などを自分で触ってみた感覚だけで、その日の体重や体脂肪率のわずかな変化がわかってしまうほどだ。

文字どおり体を資本として、生来の恩恵もあるその資本に甘えることなく、さらに磨き上げ、アスリート級の能力を放つ彼らと同じことを、世の中の全員が行なう必要はもちろんない。

しかし、ステージに立ち、メディアを通じてする表現だけがパフォーマンスではない。ビジネスであれスポーツであれ、すべての活動という表現は、肉体を通じて行なわれる。当たり前のことなのだが、ここがしっかり意識できているのといないのとでは、大違いだ。この意識の差は結果的に、生活のあり方や肉体の差として表れる。

漠然とした思いであっても、いま、「腹筋を割りたい」と本書を手にしたのなら、その意識が自分の体というものを対象に定め、レンズを向けているということだ。より明確にフォーカスを絞っていくために、腹筋を割ると何が起きるか、数あるメリットを見ていこう。

腹筋を割ると頭の切り替えが速くなる

腹筋が割れている人は、それだけ鍛えているということだ。

いま、起業社長など第一線で精力的に働くビジネスパーソンには、体を鍛えている人が非常に増えていて、私のジムにも数多く通ってくれている。

彼らに共通していると感じるのは、行動が迅速で無駄がないということだ。ジムに来たらサッと準備してトレーニングに集中し、終わればまたすぐに仕事に戻る。与太話で時間を無駄にして予定したプログラムをこなせなかったり、いつまでもダラダラ過ごしたりしない。多忙な人たちだから当たり前という以上に、時間の使い方にメリハリがあり、頭の回転や切り替えの速さを感じさせる。

トレーニングには、こうした「切り替え」の効果がある。

人の脳は24時間365日休みなしに働いていて、仕事中なら複雑なフローの中で目の前の課題から将来的なマターまで、私的なことでもさまざまな悩みや問題について、めまぐるしく思考をめぐらせているが、実際には、同じことを何度も巡回して考えているに過ぎないようなときもある。

ところが、トレーニングの最中に頭が受け持つのは、持ち上げなければいけない30キロの重さや、いま何回目かといったことだ。フォームは正しいか、呼吸はどうか。心拍数が上がってキツい……。あと3回。ムリだ！　と頭で叫びつつ、最後の一踏ん張りでやり遂げる。

体を動かしているときというのは、このように、脳の回路が根本から切り替わる。ハードなトレーニングになればなるほど、何も考える余裕はなくなり、思考は停止して無心にいまに集中するしかなくなる。

同じところをグルグルめぐっていた脳の回路が完全にリセットされるのだ。

有能な経営者やビジネスパーソンは、こうした「切り替え」の効果を肌で知り、仕事に活かしているのだろう。楽天の三木谷浩史さんは、「大事なプレゼンテーションの前には必ずランニングをする」と言う。

斬新な発想やひらめき、直感といったビジネスにも求められるある種の能力は、悶々とデスクに向かっていても得られるものではない。

しかし、体を動かして脳を一旦リセットすると、新たな回路が発動し、無から有を生むアイディアが急に湧いたりする。何日間考えても答えの出なかった問題に、思いもしない解決策が浮かぶこともある。トレーニングで体を動かすと、頭の中がまったく別の回路にチェンジするから、スイッチのように一気にモードが変わるのだ。

そのため、ダラダラと同じモードを引きずったり、何度も繰り返して考えるような思考をしなくなる。余計なことを考えずに「いま」に集中するしかない体感覚は、済んだことやまだ起きていない未来に対するとらえ方も変えさせる。時間の使い方にも瞬時、瞬時のメリハリがつき、日々の行動スタイルまで変化が現れるのだ。

脳力アップには脳トレより筋トレ

私の大切なクライアントには、サイバーエージェントの藤田晋さんなど、多忙を極めるにもかかわらず、トレーニングを習慣にしている方が多い。

いわゆる「仕事のできる」人はなぜ、精力的に体を鍛えるのだろうか？

実は、トレーニングをすると思考や気分が切り替わるだけでなく、脳の性能そのものもアップする。筋トレで繰り返し筋肉を使うとその筋肉が鍛えられ増強されるように、脳も積極的に使うことで強化される。

といっても、一時流行った脳トレのクイズや計算ドリルの類いで、脳そのものを酷使するのではない。「筋トレ」が脳にも効くということだ。

脳は、人の体のすべてをコントロールする司令塔である。無意識に指先をちょっと動かすようなときも、脳の神経細胞がインパルスを発し、指の筋肉に「縮め」と指令を送っている。

このとき、脳は指令を「発信」するだけでなく、全身から膨大な情報を「受信」して取り入れていて、それを総合的に判断して指令を出している。

そこで、体の側から脳に送り込む情報を増やしてやると、脳の活動量が増えるため、筋トレと同様、鍛えることにつながるのだ。

具体的には、筋肉（骨格筋）の中にある筋紡錘《きんぼうすい》という組織が、体の動きを感知するセンサーの役割をしている。この筋紡錘が筋肉の動きをキャッチすると、そこに入り込んでいる感覚神経が興奮してインパルスを発し、それが脊髄《せきずい》を通って脳を刺激する。

しかも、インパルスの刺激は、太く大きな筋肉ほど強くなる。大きな筋肉とは太腿、胸、背中、肩、そして腹部などである。

腹筋は、鍛えれば鍛えるほど脳も鍛えられるというありがたい筋肉なのだ。割れた腹筋が「できる男の象徴」に見えるのは、単なるイメージではないわけだ。

筋トレをするときは、いまどこを鍛えているのか、使っている筋肉を意識しながらやるといい。筋トレ歴が長くなって自分の体への興味が増してくると、「この種目は腹のどの筋肉に効くのか？」などと積極的に質問してくるクライアントがいるが、これは非常にいいことだ。筋紡錘に入り込んでいる感覚神経には、感情や意識も作用するからだ。自ら進んで強く意識することで、腹筋と脳の橋渡しをする神経の働きも高まると考えられる。

経営者など「できる人」は意識が違う、とよくいわれる。「意識する」とは、ぼーっと注意散漫な状態でいるのではなく、受信・発信ともにアンテナが開いてアクティブに機能しているということだ。腹筋運動ひとつにも意識を高める積み重ねで、受発信装置の精度はさらに磨かれる。たとえばＨＩＲＯさんの研ぎすまされた体感覚も、こうした蓄積の賜物でもあるのだろう。

脳細胞そのものが増える

脳力アップについてさらに見てみると、筋トレなどで体を動かすと、脳の中では脳由来神経栄養因子（ＢＤＮＦ）という物質が盛んに分泌されることがわかっている。

ＢＤＮＦは脳の神経細胞であるニューロンや、脳に栄養を送る血管の形成を促すホルモンだ。

長い間、脳のニューロンの数は生まれつき決まっていて、増えることはないと考えられてきた。しかし20世紀の終わりには、脳内の嗅覚を司る神経、大脳新皮質、そして海馬では新たなニューロンが生まれ、古いニューロンと入れ替わることが判明し、いまでは「脳細胞は増える」というのが常識になっている。

運動をすると、ＢＤＮＦは海馬の歯状回という場所で特に分泌が増えることもわかっていて、海馬は学習、記憶、認知機能を司る部位である。いずれの能力も、仕事には欠かせないものだ。

また、新しいニューロンが生まれると、ニューロン同士をつなぐ神経回路も新たに結ばれるが、若いニューロン同士なら神経伝達物質のやりとりも活発だ。細胞間の回路がどんどん開いてネットワークが高度に発達するため、頭の回転や切り替えが速くなる。

海馬の学習や記憶の蓄積を活かして、斬新なアイディアを生み出すといった能力も高まるだろう。優秀なビジネスパーソンたちがこぞってジムに通い、体を鍛えているのは脳の成長の面から見ても理にかなったことなのだ。

快楽系ホルモンでやる気がみなぎる

ところで、腹筋がパキッと割れるほどキレのある体型をしていながら、どんよりと暗く重苦しい雰囲気で生気がなく、負のオーラをまとっているような人というのはあまり見かけない。

アーティストやアスリートはもちろん、数々の経営者たちなど仕事ができる人というのは皆やる気や活力に満ちあふれ、快活なパワーみなぎる印象だ。

この点にも、脳内から分泌されるホルモンが影響していると考えられる。

筋トレを行なうと、β-エンドルフィン、ドーパミン、セロトニンなどのホルモンが脳内で分泌される。いずれも快楽系ホルモンや幸せホルモン、脳内麻薬ともいわれるもので、たとえばドーパミンは記憶力を高めたり、目標達成のために高いモチベーションを発揮させたり、集中力や直感力を向上させる。やる気が出て、仕事の能率も高まり行動的になるといった効果がある。

β-エンドルフィンは気分をハイにし、多幸感をもたらすホルモンで、セロトニンは気持ちを穏やかにして心を安定させる効果がある。いずれもストレスやプレッシャーをやわらげ、ストレスに負けないタフなメンタルを育てるのに役立つ。明るくポジティブな気持ちでいられるようになる。

運動を開始すると、まずおよそ15分後にβ-エンドルフィンが分泌され、次に約20分後にドーパミン、セロトニンが約40分後というように、3つのホルモンは時間差で分泌される。最後に分泌されるセロトニンには、ドーパミンとβ-エンドルフィンのバランスを整える働きもあるため、トレーニングは3つが揃う40分以上行なうのが理想的だ。

実際に、筋トレはときにはハードで疲れるしつらいときもあるのだが、1時間ほどやってしまえば気分爽快、やり終えた達成感や満足感を得られるものだ。悩みがあって落ち込んでいるときでさえ、トレーニング後には「大した問題じゃなかったな」と立ち向かう気になっていたり、悩みをすっかり忘れていたりもする。筋トレで思考や気分のモードが変わるのには、ホルモンの影響もあるわけだ。

腹筋が割れるくらいに鍛えている人は、本人の自覚の有無に関わりなく、こうした人間の体がもたらす恩恵を受けている。

「自分は気合いや根性がないから三日坊主になるだけだ」と筋トレを敬遠している人は、その思い込みの方にこそよほど気合いが入っているかもしれない。

〝脳内麻薬〟の呼び名のとおり、先の3つのホルモンには一種の中毒作用のようなものがある。達成感や満足感などの快感を一度存分に経験すると、脳はそれを再び味わいたいがために、筋トレをまた行なおうという気を起こさせる。三日坊主を克服するには、自分自身の強い意志も必要だが、その陰では、ホルモンの働きがサポートしてくれているのだ。

成功者の腹筋が割れている理由

ジムに通おうと私のところにやってくる人たちの目的は、最初は何となくあいまいなケースが多い。

たいがいは「やせたい」が最大のテーマで、「腹筋を割りたい」と具体的なイメージを持っている人も中にはいるが、その理由は「モテたいから」「いい男に見られたいから」などとミーハーなものだったりもする。

若い頃とはすっかり変わってしまった体型を「何とかしたい」と漠然とした言い方をする人も多く、会社で健康診断が行なわれる時期は、駆け込み需要が急増する。

こうした目的で通い始め、2か月もすると、挫折してやめてしまう人としっかり続けられる人とが分かれてくる。

長年この仕事をしていると見えてくるのだが、トレーニングが続かない人には、次のような共通点がある。

・目的があいまい
・分析力が乏しい
・具体的な目標を設定できない
・計画が立てられない
・スケジュールやプランに無理がある
・意識がブレやすく正しい判断ができない

こうした傾向は、そのまま仕事でも問題になる。

一般的に、仕事ができない人というのは、仕事の目的があやふやで、その仕事で何を成し遂げ、どんな成果を得たいのか理解できず、何のための仕事なのかがそもそもわかっていなかったりする。そうした分析ができないために、何をいつまでにどんな方法でといった目標も立てられない。当然、目標レベルは達成できず、期待された成果が上げられない。

また、計画性がないので仕事の期限を守れなかったり、優先順位がつけられず、大事なことを後回しにしたり、無理なスケジュールを組んで結局できなかったりする。

さらに、こうしたあらゆる過程で状況把握や分析ができないため、さまざまな情報や人の意見に惑わされる。ブレやすく、正しい判断ができずに仕事を停滞させたり、質を低下させてしまう。

一方、仕事ができる成功者というのは、

・目的が明確

・分析力や計画性に富む

・実行力がある
・軸がブレず判断力がある

目的が明確なら、何をすべきかといった分析ができ、具体的な目標を立てられる。達成までのフローやプロセスを組み立てる計画性にも長けていて、プランに無理がないから実行しやすく、高い確率で目標を達成できる。目的意識が明確でブレがなく、最後までやり遂げ結果を出せる、といったことになる。

こうした、仕事の場で成功を収める人は、トレーニングも長続きして成果を上げられる。目的を明確にし、達成するまでの道のりを組み、実行に移すという根幹部分は仕事もトレーニングも変わらないからだ。

そのうえ、忙しい、キツいなどのハードルに負けずにトレーニングをこなしていくのだから、仕事に役立つタフな精神力も養われるだろう。

腹筋が割れている人は、仕事でも成功できる。人物像がますます明確になってきたのではないだろうか。

「自分とはほど遠い」などと思わないでほしい。仕事もトレーニングも本質的には同じで、どちらも自分を高めていけるものだ。この先トレーニングで小さな成功体験を積み重ねていけば、仕事に活きる相乗効果も得られる。

セルフコントロールがもたらすもの

アメリカでは肥満体型の人は自己管理能力が低いと見なされ信用されず、出世できない、そんな話が日本でも話題になったのは、90年代終盤のことである。当時は多少センセーショナルにも聞こえたものだが、「自己管理もできない人間に、企業や部下のマネジメントができるはずがない」という論理は否定しきれるものではない。

多忙なビジネスパーソンがトレーニングをやり続け、ある程度の食事制限もしていくためには、自らを律する自己管理能力が不可欠であり、決めたことをやり遂げる意志の強さも必要だ。

こうしたセルフコントロールの力がずば抜けているのがＨＩＲＯさんだろう。

ジムには月に平均25日、出張など特別の理由がない限りはトレーニングを欠かしていないと思う。

ほぼ毎日になるため胸、背中、腿……と日ごとに決まったターゲットに絞った筋トレをメインに、ときにはランニングを取り入れながらの約1時間。体の状況によって、どこをどれだけ削ればどんなラインをつくれるか、精緻《せいち》にわかっているからおよそのメニューも組むことができ、たとえば背中の懸垂なら1度のトレーニングで150〜200回を余裕でこなす。

日常のルーティンの基本がこれだとすれば、大事な撮影がある際には数週間前から会食の予定は抑えるなど、スケジュールも変えていく。普段は楽しく飲むのも好きな方だが、そうした期間は一切飲まず、食事制限も徹底する。当然、トレーニングも目的に応じたものに変えていく。

こうしたルールを、HIROさん自身が定められる。「いまはこれくらい動いているから太らない」「これくらい食べているからトレーニングはこの程度強化する」など、自分の体の最大の理解者として、組み上げるルールの内容も完璧だ。私は相談や質問をされたときに、「これは数を減らしてもいいのでは」「代わりにこれを加えては」などの提案をする程度に過ぎない。

無論、決めたルールはやり通す。HIROさんにとってそれは当然であり、「守らない」はあり得ない。仮に、ごく稀な食べすぎや飲みすぎ、「ルールを守れなかった、明日にしよう」があったとしても、「ある」の基準が人と違う。一般の人からすれば「何ひとつ食べすぎになっていない」可能性の方が高い。

もはやHIROさんのように、求められるレベルも自ら定める到達点も人並みはずれている場合、やせる・やせない云々より自らをベストなコンディションに保つことが重要なのであり、それにはこのレベルのルーティンで自己管理を行ない、体も常に鍛えていた方がコントロールしやすいのだろう。

好感を持たれ強運体質になる

自己管理能力の高い人は、自らの置かれた立場や責任を自覚している。逆に、それがなければ自分を律しなければならない理由づけができないことになり、ストッパーが利かずに状況に流されてしまいがちだ。

セルフコントロールができているかどうか、日頃の生活習慣や言動には、その人の仕事や立場に対する意識が垣間見える。それが見た目に表れたのが、鍛えられた体であり割れた腹筋だということだ。

「信頼に値する」と評価されるのもやはり納得がいく。責任感や精神力の強さも伝わるから、好感を持たれ印象に残る。何かあったとき、思い出してもらえる。

「この話は、彼に向いていそうだ」「あの人に紹介しよう」

チャンスもめぐってきやすいのである。

筋トレをしている人はなぜ若々しいのか

筋トレで体を鍛えている人は、見た目も中身も若々しく健康的だ。

女性でも、引き締まった背中にほどよい筋肉がついている後ろ姿は魅力的だ。姿勢もよいので人目を引き、私もつい目がいってしまったりするのだが（それで振り返ってみたら思ったより年齢がいっていそうだったとしても）、それだけ、人の体つきは印象を左右する。

HIROさんも、45歳という年齢をまったく感じさせないどころか、20歳離れた若いメンバーと並んでも引けを取らないし、ほかのクライアントの著名経営者たちも、寝る間もないほど忙しく働きながら、パワフルで若さとエネルギーに満ちている。

もちろん、メタボとも無縁だ。メタボリックシンドローム（内臓脂肪症候群）は内臓のまわりに脂肪がたまるタイプの肥満で、高血圧や高血糖、脂質異常などの生活習慣病の危険性が高まるとして厚生労働省が予防と解消を呼びかけている。２００５年に日本肥満学会が提唱した基準をもとに、男性は腹囲85センチ以上あるか否かが目安のひとつとされている。

筋トレで腹筋が割れている人は当然ながらその基準に引っかかることはなく、メタボで懸念される生活習慣病のリスクはグンと低くなる。

また、筋トレで筋肉を鍛えると、代謝が上がり、血流が促されて内臓の働きもよくなるなど、健康面で得られる効用は数多くある。

さらに、体を若々しく保つことには、成長ホルモンが関わっている。

成長ホルモンは筋肉や骨など体の細胞の成長を促す重要なホルモンで、またの名を若返りホルモンという。最近は男性もスキンケアが常識になりつつあるが、成長ホルモンは皮膚の細胞のダメージを修復して美しく保つほか、毛髪の成長を促すありがたい働きもある。男性のアンチエイジングには欠かせない存在だ。

本来、成長ホルモンや男性ホルモンは年齢とともに減少してくるのだが、筋トレをすると分泌が増すことが証明されている。

成長ホルモンには体に取り込んだ栄養素をエネルギーとして使えるようにする代謝を促す働きや、精神的に前向きでポジティブにする効用もある。筋トレをしている人がエネルギッシュで気持ちも若いのはこのためだ。

割れた腹筋は成長ホルモンが豊かにみなぎっている証拠。筋トレはアンチエイジングに直結している。

筋トレによるもうひとつのアンチエイジング効果

さらに、最近の研究ではヒトの細胞の中にある「ミトコンドリア」にも、若さを保つ機能があることがわかってきた。

そもそも、老いや病気を引き起こす要因には、活性酸素の影響がある。

活性酸素は体に害を及ぼす有害物質で、細胞がエネルギーを生み出す際にどうしても出てしまう排ガスや排水のようなものである。呼吸をするだけでも発生する。

一方、ミトコンドリアは細胞内にある小器官で、エネルギーを生み出す工場のようなものだ。最近の研究によると、同じミトコンドリアでも、工場として効率よくエネルギーを作りながら活性酸素をあまり出さないものと、エネルギー効率が悪いうえ、活性酸素を大量につくってしまうものがあるとわかっている。

どちらのミトコンドリアが優勢になるかは、日頃の生活習慣によって左右され、それが老化のスピードを速くも遅くもするという。ミトコンドリアの劣化や機能低下は老化を招き、機能を高めればアンチエイジングに威力を発揮する。どちらの要因にもなる諸《もろ》刃《は》の剣《つるぎ》というわけだが、解決策もちゃんとある。ミトコンドリア全体の量を増やせば、総体的に体の機能が向上し、若返りにつながるのだ。

実は、全身のミトコンドリアの85パーセントは何と筋肉の細胞内にある。

その量を増やして機能を高めるには、筋肉を使うこと、すなわち筋トレが有効だ。質のよいミトコンドリアを増やすためには、「エネルギーを必要としているぞとわからせるよう刺激する」ことが重要なのだが、筋トレをすると、エネルギーを大量に消費しながらミトコンドリアの住みかである筋肉を刺激することで、活性酸素の害を抑えられ、アンチエイジングにつながるのだ。

ミトコンドリアは筋肉の中でも特に、背筋と太腿の筋肉に多く含まれている。

腹筋じゃないではないかと思われるかもしれないが、私が「腹筋を割る方法」としてのちほど第3・4章でおすすめするのは、腹部と合わせて背中や股関節まわり（太腿）の筋肉も大いに使うトレーニングである。

ミトコンドリアは昨今、ガンの予防や治療でも注目されている。長いスパンで体の健康を考えても、筋トレを始めるのは早いに越したことはないだろう。

脳のアンチエイジングにも効果大

心身ともに若さを保つには、ストレスとうまくつきあっていくことも大事である。30～40代の働き盛りのビジネスパーソンともなれば、仕事や家庭、将来設計など、何かとストレスに巻き込まれる。

そんなとき、トレーニングをすればモードが切り替わり、気分をリフレッシュできる。運動すると交感神経が活性化され、心拍数が上昇して興奮状態になるが、トレーニングを習慣化してこの交感神経優位の時間が増えると、意欲的になり、ポジティブ思考になる傾向もある。

快楽系ホルモンがストレス解消に役立つことは先ほど述べたとおりだ。実際に、抗うつ剤には快楽系ホルモンの分泌を促す作用がある。トレーニングを通じて脳の働きが活発になれば、うつ症状の予防や改善の可能性もあるということだ。

さらに、快楽系ホルモンのうちセロトニンは、睡眠ホルモンといわれるメラトニンのもとになるホルモンだ。筋トレでこの分泌量が高まることに加え、体が適度に疲れることで、眠りの質も高くなる。すると今度は日中の運動のパフォーマンスも上がり、脳がますます活性化する。ストレスと縁遠くなるよいスパイラルに入っていけるのだ。

筋トレでストレスを解消しながら脳の働きを高めることには、認知症の予防効果もあるようだ。

2012年にアメリカの医学誌に発表された論文によると、認知症の傾向が見られる高齢者78人を3つのグループに分け、それぞれ筋トレ、有酸素運動、バランストレーニングを半年間続けてもらったところ、筋トレを行なったグループで認知機能の改善が見られ、脳の血流増加も認められた。これに対して有酸素運動グループでは身体的な運動機能や心肺機能の向上が認められたという。

体に負担の少ないウォーキングなどの有酸素運動が認知機能によいという説はこれまでもあったのだが、高齢者の認知症予防や、若い世代でもこの先の老化を加味すると、筋トレの認知症予防効果にも注目しておきたい。

認知症予防のためには週4回、30〜60分程度の有酸素運動が適度とされているのだが、歳をとって筋力が衰えてからこれをするのは大変である。有酸素運動をするにも筋肉が必要で、また、老化を防ぐ成長ホルモンの分泌を促しミトコンドリアを増やすためにも、筋トレで筋肉を鍛えておくことが大切なのだ。

ロコモと無縁の長持ちする体に

筋肉は使わなければ衰える一方、やがては「ロコモ」を招くことにもなりかねない。

ロコモは正式には「ロコモティブシンドローム」、日本語では「運動器症候群」といい、運動器官の障害によって日常生活で人や道具による介護・支援が必要な状態や、そうなるリスクの高い状態のことである。

ロコモとは、2007年に日本整形外科学会が提唱した概念で、同学会はロコモを予防し、要介護・要支援を減らそう、高齢者が心身ともに自立して暮らせる期間である「健康寿命」を延ばそうという取り組みを主導している。

ロコモは骨や関節、筋肉など人が自分の体を支えたり動かしたりするのに必要な運動器のトラブルがもとになって起こる疾患で、加齢や運動不足などによってこれらの機能が衰えたり、骨や関節の病気で障害が起きると、日常生活に支障をきたし、介護や道具に頼らざるを得なくなる。

人の寿命が延びて長生きできるようになった反面、自分の体を長く使うことになり、老化によるトラブルは増すことになる。このためロコモはいまや、メタボと並ぶ新たな国民病として問題視されている。

介護や支援と聞くと70〜80代の高齢者の問題と思いがちだが、そうとはいえない現状がある。現在、運動機能の障害で入院する人は50代から増加しており、日常生活に何らかの不便を感じるといった兆候は40代から始まっている。早くもロコモの若年化が取り沙汰されている。

街中でも、見た目の若さに反して歩き方のおぼつかない人や階段の上り下りがしづらそうな人が増えているのがわかる。

30代以下の人も油断していられない。人の運動能力は、20代前半という長い人生の中でも早い段階にピークを迎えてしまい、その後は衰える一方だ。筋肉量も、1年で約1パーセントずつ減少してしまう。おそらくいまこの本を読んでいる多くの人が早くも人生下り坂、なのである。

ロコモのおもな原因は2つあり、ひとつは骨粗鬆症《こつそしょうしょう》や変形性関節症といった「骨や関節の病気」で、投薬や手術などの治療が必要になる。

2つ目は「筋力・バランス能力の低下」である。これを防ぐにはいまのうちから筋トレで筋肉を鍛え、筋肉量を増やしていくことが大切だ。

しかし、2つの原因は切り離して考えるべきではなく、筋肉がしっかり機能するには関節がやわらかく大きく動かせるといったことが不可欠で、筋肉の衰えは骨や関節の動きも悪くしてトラブルを招くなど、両者には相関関係がある。体全体として機能の低下を防いでいくことが重要だ。

ここで注意してほしいのは、加齢だけが運動器の機能を低下させるのではないということだ。骨や関節、筋肉が衰える大きな原因は、実は「間違った使い方を続けてしまうこと」なのである。

人間の体には、そのつくりに沿った正しい使い方というものがある。たとえば「歩く」という動作ひとつをとっても、本来は「脚」よりむしろ尻や腿の裏側の筋肉、そして腹筋を使うのが、正しい歩き方である。

取り替えの利かない自分の体を長く使い続けていくためには、走る、階段を上る、重い荷物を持ち上げるといった日常のあらゆる動作を「正しい動き」に変える必要がある。

腹筋は本来、そうしたあらゆる動作に関わり重要な役目を果たす筋肉だ。

すべての動作で正しく使われるべきところが、間違った体の動かし方をしていて腹筋を使えていないことも、腹が出てしまう原因のひとつなのだ。

体を正しく動かせれば、腹筋が使えるようになり、腹筋が正しく使われれば、全身の動きはますますよくなる。

割れた腹筋は、この好スパイラルの要である。体を本来のつくりに沿って正しく使えていることの証しであり、長い人生を謳歌できる若い体の象徴なのだ。

第2章

腹筋のうそ・ほんと

目標はもうクリアしている？

身体的にも、精神面にもさまざまなメリットをもたらす割れた腹筋。

「さてどうしたら割れるのか？」と多くの人が頭を悩ませているわけだが、ここにはさまざまな誤解や勘違い、知ってほしい正しい情報がある。

たとえば、極論すれば腹筋は食べなければ割れる。誰でも割れる。というより、あなたの腹筋はもう割れている。「腹筋を割りたい」という目標を、あなたはすでにクリアしている。

なぜなら、腹筋は構造上、もともと割れている筋肉だからだ。

もちろん、ある程度鍛えていなければ凹凸はわずかで目立たず、締まりがないかもしれないが、それでもその6つ（下腹部まで含めれば8つ）に分かれたつくりの筋肉こそが腹筋（腹直筋）だ。

もしいま、腹部が平面的でメリハリがない、あるいはまったく凹凸が見えないなら、本来は割れている腹筋をいかにして表に出してやるか、これが最初の課題となる。のっぺりとして割れていないつくりの腹筋の人など誰もいない。「腹筋を割る」というのは、突然変異のように細胞レベルで体の構造を変えてやろうという話ではない。本書の冒頭で紹介したプロ野球選手のように「自分の腹筋は人と違っていて割れない」なんていうことはないのだ。

メタボの境界を超えてしまってポコッと腹が出ている人も、要注意のイエローカード段階の人も、やせていて筋肉がなくたるんだ腹の人も、深部には、6つに割れた腹筋が眠っている。生まれ持った人の体としての筋肉の構造は、誰の体でも変わらない。ボディビルダーの持つ驚異的なまでに隆起した腹筋も、EXILEパフォーマーたちの引き締まったキレのあるシックスパックも、もとの条件はあなたの腹筋と同じなのである。

本書の中では、便宜上「腹筋を割る」「腹筋が割れるまで体を鍛える」といった言い方をする場合もあるが、実際には、はじめから割れているのが腹筋だ。自分の腹の奥深くには割れた腹筋がもうすでに存在しているということを、意識してみてほしい。

「食べていないのに太る」はあり得ない

では、腹筋に凹凸がなく割れているように見えないのはなぜかといえば、端的にいえば太っている（脂肪がついている）からだ。太る原因と解決策は何かといえば、これが前項で述べた「食べなければ割れる」ということだ。

もちろん、自己流の絶食など危険な行為を勧めるわけではない。

私たちの体は、生命を維持するだけでもエネルギーを必要とし、これを「基礎代謝」という。さらに、日々のさまざまな活動（運動）をするために必要なエネルギーを「生活活動代謝」といい、生活活動代謝のうち約半分は基礎代謝に使われる。食事をして食べた物を消化・吸収する際に使われるエネルギーを「食事誘発性熱代謝」といい、これらを合わせて「消費エネルギー」という。

人が太ってしまうのは、この消費エネルギーよりも食べたり飲んだりして体に取り込む「摂取エネルギー」が上回り、その状態が続くからにほかならない。

摂取エネルギー量が消費エネルギー量を上回るのは、いわば収支が黒字の状態。会社の経営なら黒字経営が望ましいが、体の場合、喜んでもいられない。摂取エネルギーの余剰分は体脂肪として体に蓄えられるからだ。腹まわりにも脂肪がつき、割れた腹筋は見えなくなる。

逆に、摂取エネルギーが消費エネルギーより不足した赤字の状態になれば、体は貯蔵分を崩して使うことになる。

人が太るのは「摂取エネルギーが増えた（オーバーしている）」か「消費エネルギーが減った」か、またはその両者が同時に起こったかのいずれかが原因。いま、特に運動していないのであれば、太るのは「食べる量が多すぎる」ということだ。

よく、「食べていないのに太ってしまう」と言う人がいるが、これは原則的にあり得ない。食事の量を記録してみるとわかると思うのだが、1食の量が多かったり、間食を何度もとっているなど、意外に食べているはずである。

体の黒字経営はよくない

体脂肪は本来、おもに飢餓状態という非常時にも生命を維持するためのエネルギーとして備蓄されている。しかし、いまの日本のような恵まれた社会において、深刻な飢餓状態に陥ることはまずないだろう。

いまや、サバイバルのためという体脂肪の役割の重要性は失われつつある。こうした飽食の時代には、意識的に食生活を自己管理していないと、つい食べすぎて摂取エネルギー過多になりがちだ。

時代の流れとともに日本人の食生活は欧米化し、脂肪の摂取量が増えていることに加え、ファストフードやコンビニなどで安価な食事が24時間いつでもできる。同時に、30〜40代の働き盛りのビジネスパーソンともなれば、経済的な余裕も得て、高カロリーで贅沢な食事を腹一杯食べられる環境も手にしている。

一方で、社会の進歩によって、人の暮らしは楽になり、汗をかいて体を動かす機会は劇的に減っている。

摂取エネルギーは増えやすく、消費エネルギーは減るという、肥満をつくる原因が現代人の身の回りにはあふれている。生命を維持するための基礎代謝だけでは摂取した分を相殺できない生活環境の中で、太りやすく脂肪がつきやすい黒字経営の状態が続いているのだ。

食べなければ腹筋は割れるが……

体重を減らしてやせるためには、食生活を見直して摂取エネルギー量を減らすか、運動して消費エネルギー量を増やす。あるいはその両方によってエネルギーを赤字の状態にすることだ。

すると、備蓄しておいた体脂肪が財源として使われるため、余分な脂肪が落ち、腹の奥に隠れていた腹筋がいよいよ姿を現す。

漠然とした言い方になるが、極端な肥満でなく中肉中背で「ちょっと腹が出てきたな」くらいの体型であれば、3食のうち夕食だけでも、食べる内容と量に気をつけて、きっぱりと禁酒もすれば、それだけで腹まわりはすぐ変化するだろう。2週間もすれば、割れた腹筋がうっすらと浮き出てくるかもしれない。

しかし、ただ単に食事の量を減らして赤字状態にするのは禁物だ。エネルギー不足になると、体は体脂肪だけでなく筋肉も分解して使ってしまうからだ。

筋肉が減ると、基礎代謝量も減ってしまう。先ほど述べたとおり、基礎代謝は脳や心臓、肺などを動かして生命を維持するために使われるエネルギーのことである。消費エネルギーのおもな内訳である基礎代謝、生活活動代謝、食事誘発性熱代謝のうち、最も大きいのが基礎代謝で、全体の約6割を占めている。

筋肉に使われるエネルギーは、基礎代謝の約5分の1を占め、活動していないときでも多くのエネルギーを消費する。筋肉量が減ってしまうと太りやすく、多ければやせやすいのはこのためだ。効率よく健康的に体を絞るためには、筋肉量を減らさないこと、または増やすことが重要なのだ。

筋肉が少ないと2割増で太って見える

筋肉が1キロ増えると、基礎代謝量は約13キロカロリー増加するとされている。

ただしこれは「筋肉」による基礎代謝量。一般的に、筋肉の多い人は心臓や肝臓、腎臓といった代謝の非常に活発な組織も大きい傾向があり、これらの内臓器官や骨、神経などを含む「除脂肪量（体脂肪以外の量）」で見れば、1キロ増えるごとに基礎代謝量は50キロカロリー近く増えるケースもある。

筋肉を増やせば、内臓などによる代謝量も上がる。仮に体重が少し増えても、その分消費エネルギーを増やしていけるのだ。

しかしここで疑問を抱く人もいるだろう。腹の奥に隠れた腹筋を表に出すには、やせて脂肪を落とすことが必要。やせる＝体重を減らすはずなのに、筋肉をつけるのでは体重が増えてしまうではないかと。

このあたりもダイエットやボディメイクに関する刷り込みが働きやすい。

体重を落とすことばかりに目を向けていると、手っ取り早く実現しようと食事制限だけに頼りがちになる。すると、単純な赤字状態になって脂肪だけでなく筋肉が減ってしまい、基礎代謝量が低下する。全体の6割を占める基礎代謝が減るということは、エネルギーを消費する機会が大幅に減少してしまう。やせるためには、運動などほかの要素でエネルギーを消費しなければならなくなる。

しかし、筋肉が減ると体力が低下して疲れやすくなるため、運動がしづらくなる。

結果として基礎代謝でも運動でもエネルギーが消費されなくなり、やせにくい体になってしまう。

もうひとつ考えてほしいのは、腹筋は「見た目」ということだ。割れた腹筋を浮き上がらせて表に出したい。シックスパックで男らしくたくましい体になりたい。いずれも目で見て判断されることで、体重という重さの数値ではない。

ここで筋肉と脂肪の比重（容積あたりの重さ＝密度）の違いを見てみると、筋肉の比重は約1・1。水よりも容積あたりの密度が高く、水の比重＝1よりも重いため、筋肉は水に沈む。

一方、脂肪の比重は約0・9で、こちらは水の比重より軽い。水と油を混ぜれば、やがて分離して油だけが上に浮いてくる。

同じ容積あたりなら、脂肪に比べて水、水に比べて筋肉の順に密度が高く、重さは重くなる。すべてを1リットルのペットボトルに入れたとすると、水の重さは1000グラム＝1キログラム。脂肪はそれより軽い900グラム。筋肉は最も重い1・1キログラム、である。

これを人の体に置き換えれば、胸囲や腹囲、腿の太さなど体のサイズがまったく同じ2人がいた場合、筋肉質の人の体重は、脂肪の多い人よりも約1・2倍重いということになる。人はこの「重い」「軽い」の概念で、自分や他人が太っているかどうかを判断しがちなのである。

しかし「体重が同じ」場合はどうだろう。

密度が異なるということは、同じ重さでもサイズ（大きさ）が違うということだ。重さが同じときの脂肪の体積が1であれば、筋肉の体積は0・8。筋肉は脂肪より密度が高いため、同じ重さでもサイズ的には小さく圧縮されたようになる。

人に置き換えれば、同じ70キロの体重なら、脂肪が少なく筋肉質の人は、ギュッと密度が詰まった引き締まった体型になる。

一方、筋肉が少なく脂肪が多い人は、筋肉質の人より締まりのない印象で体（体積）は大きくなる。比重に照らしていえば、約1・2倍だ。体の大きさが2割増ともなれば、筋肉質の引き締まった人と同じサイズの服は入らないだろう。体脂肪の多い人の方が「太っている」となる。

筋肉は重力に抗い全身をリフトアップさせる

さらに、人の体はペットボトルのような固い入れ物で固定されているわけではない。ビニール袋のように、中身によって形を自在に変えてしまう。

袋の中身に脂肪が多かったらどうだろう？　体脂肪はやわらかく、重力に引っ張られるとダランと垂れ下がる。

これに対して筋肉は、紡錘形のメリハリのある形で、繊維状に張られているため、重力によって形が崩れることはない。また、筋肉は関節とつながって脂肪を引っ張り上げて姿勢を維持しているので、筋肉が多いと関節部分が細く引き締まり、全体的にシャープなシルエットになる。

このように、筋肉がしっかりついているのといないのとでは、「大きさ」だけでなく体の「形」も変わってくる。体重が軽くても脂肪が多ければ、全体的にメリハリや緊張感のない、輪郭がぼやけたような体つきになる。１・２倍という体積の数値以上に、「見た目の差」が出るのだ。

脱・体重偏重主義、体脂肪率重視へ

体をシャープに絞って腹筋を割りたければ、これからは「体重偏重主義」ではなく「体脂肪率重視」に切り替えよう。

食事制限や運動をしても体重が変わらないようなときも（むしろ多少増えたとしても）、体脂肪率が減っていれば筋肉などの除脂肪量は増えていることになり、基礎代謝や運動で消費できるエネルギーも増加傾向だ。やせやすい体になれている。

逆に、体重が増えていないからといって油断は禁物。体脂肪率が増えていれば、相対的に筋肉の割合が少なくカロリーの消費量も下がっていることになる。

メタボと診断される人の多くは腹囲85センチ以上、体脂肪率は、年代・性別によって異なる健康的とされる基準値の上限を上回り、たとえば30代男性なら25～26パーセント以上の場合が多いだろう。

「俺は体脂肪率はそれより高いが、メタボじゃないぞ」と言う人もいそうだが、メタボリックシンドロームの診断には「内臓脂肪」の蓄積具合にほぼ比例する「腹囲」だけが基準とされていて、体脂肪率は含まれていない。

体脂肪率というのは、内臓脂肪だけでなく皮下脂肪も含めた脂肪の量を反映した値で、皮下脂肪は腹まわりに限らず全身あちこちにたまる。つまり、メタボほど腹は出ていなくても、皮下脂肪が分散してついていて、体脂肪率が高いことは十分ある。

ダイエット目的で私のジムを訪れる人の中にも、体脂肪率30パーセント前後の人は少なくない。そういう人は、トレーニングウエアに着替えると全体的に体のラインが丸みを帯び、皮下脂肪がついているのがわかるのだが、行き帰りのスーツ姿では、それほど太っているように見えない。スーツなら体脂肪率30パーセントとは思えない、その段階でやせる意識を持てるのは好機である。正しい食事制限とトレーニングを重ねていけば、着実に変化は現れる。

EXILEの体脂肪率は

30～40代のビジネスパーソンで、普段特に運動や食事制限をしていない人であれば、体脂肪率は22～23パーセントといったところだろう。

実はプロレスラーや力士の体脂肪率もこれより少し多い程度、25パーセント前後といわれている。しかし、プロレスラーには腹がパンパンに出て尻も大きな小太り体型が多いし、力士は言うに及ばず巨体の域。一般のビジネスパーソンの体つきとはまったく違うが、彼らの場合、25パーセントの脂肪の下には強靭《きょうじん》な筋肉が備わっている。激しくぶつかり合う格闘技の性質上、筋肉の上に分厚い皮下脂肪をまとって体を守っているのである。ビジネスパーソンの生活にはそうした保護策は必要ないはずだ。体脂肪率23パーセントの中肉中背の現状は、「もっと落とせる」「筋肉をつけられる」数値である。

では、腹筋が割れている人の体脂肪率はどれくらいか？

シックスパックがくっきり盛り上がって一つひとつが固く引き締まり、脇腹にも斜めにシャープなカットが走る。そんなキレのある腹筋で、およそ10パーセント程度。スポーツ選手や体をつくり込んでいる俳優などでは、それ以下の人もざらである。

ＥＸＩＬＥのメンバーの体脂肪率も、アスリート級である。ＨＩＲＯさんも、10パーセントを大きく超えることはまずないだろう。撮影などの機会に向けては、最終的に3〜4パーセントまで絞り込む。しかもそれを計画どおりに確実に達成する。

もっともＨＩＲＯさんの場合、私が体重や体脂肪の数値まで逐一些末に管理しているわけではない。

HIROさんが、ちょっと自分の体を触って「いま、だいたいこれくらいだと思う」と言う体重や体脂肪率は、測ってみると本当にそのとおりだ。体脂肪率なら小数点以下、体重も数百グラム単位で日々の増減がわかるほど、自分の体に対する感覚が研ぎすまされている。だから「いつまでにどこをどれだけ減らすには（あるいは増やすなら）どうするか」という調整プランも、自身の中で組み立てられる。

一般の人ではこうはいかないだろうが、まずは体脂肪率をしっかり測って現状を数値で把握することだ。家庭用の一般的な体重計で測れば十分だ。朝起きてトイレに行ったあと、シャワーのあとに下着姿でなど、毎日同じ時間・同じ条件で測るといい。それを日々の習慣にするとともに、目指す数値も明確にしておくことが大切だ。

腹筋を割りたいなら、目指す値は体脂肪率11〜13パーセントを目安にしてほしい。余分な脂肪が落ちて割れた腹筋が表に見え、ほどよく隆起するくらいの筋肉がついているはずである。

体脂肪を減らすには有酸素運動がベストか？

いま腹筋を割りたいと思っている人の多くは、理想の状態より太り気味で特に筋肉に比べて体脂肪が多く、まずは体を絞って減量（減脂肪）したいのではないだろうか。しかし、ここで食事制限だけに頼ると筋肉も減って基礎代謝が低下してしまうので、運動を加えて消費エネルギーを増やしていくことが重要だ。

さて、ここで問題となるのが「有酸素運動か筋トレ（無酸素運動）か」ということである。ダイエット、特に脂肪を落とすためには有酸素運動がよい、いや筋トレだと諸説あるようだが、どちらがより効果的なのか？

人の体は、運動するとカロリーを消費する。そのエネルギー源になるのはグリコーゲン（糖質）、アミノ酸（たんぱく質）、脂肪酸（脂質）だが、それぞれエネルギー源に変換されて体内で使われ始めるまでには時間差があり、何がエネルギー源として使われるかは、運動の種類や運動時間の長さによって決まる。

3つの中でも脂肪酸はエネルギー源に変換されるまでに時間がかかるため、短距離のダッシュや重量挙げといった短い時間で瞬発的にエネルギーを必要とする運動では消費されない。こうした運動ではおもにグリコーゲンやアミノ酸が使われ、これらはエネルギーに変換される際に酸素を必要としないので無酸素運動と呼ばれる。

グリコーゲンはエネルギーに変換されるまでに時間がかからないため、運動を開始して早い段階から消費されるが、1グラムあたりのエネルギー量が4キロカロリーと脂肪酸の7キロカロリーより少ない。また、グリコーゲンは大量には体内にためておけない性質があるため、すぐに使い切ってパワー切れになってしまう。

そこで、ジョギング、エアロビクス、水泳のようにある程度の長時間続けて行なう運動をしていると、時間の経過とともに脂肪酸がエネルギー源に変換されて使われるようになる。このとき、エネルギーを生み出すには酸素が必要なので、このような運動を有酸素運動という。

脂肪を落とすにはジョギングやランニングなどの有酸素運動がいいというのはこうしたエネルギー代謝のメカニズムがあるからだ。

確かに、体重70キロの男性が30分ジョギングをすれば、300キロカロリーほど消費できる。しかしそのうち脂肪酸をエネルギー源にしている割合は2分の1程度といわれ、重さにすれば約21グラムだ。

有酸素運動だけで目に見えてやせた、体脂肪率が減ったと結果が出るまでには、毎日30分〜1時間のジョギングを3か月は続けなければならないだろう。ランニングブームに乗ってすでに毎朝数キロ走っている人ならいざ知らず、これから運動を始めようという人が、三日坊主にならずに続けられるだろうか？

筋トレは寝ている間もカロリー消費？

一方、筋トレは無酸素運動である。グリコーゲンとアミノ酸がおもなエネルギー源として使われ、有酸素運動ほどには脂肪を消費できない。

だが、筋トレは文字どおり筋肉の増強に特化したトレーニングだ。

筋肉の量が増えれば、基礎代謝量が上がる。筋力が上がれば、より負荷の高いトレーニングもできるようになり、さらに多くのエネルギーを消費できるようになる。

また、筋トレでも脂肪がまったく使われないというわけではなく、グリコーゲンとアミノ酸の在庫がなくなれば、筋トレ中にも脂肪が燃料として使われる。筋トレは無酸素運動だが、複数の種目を間に休憩を挟まずなるべく連続して行なえば、有酸素運動に近い作用が得られる場合もある。

何より、筋トレで消費を増やせる基礎代謝というのは、何もしないで眠っている間にも使われているエネルギーだ。前述したとおり、その割合は1日の消費エネルギー量全体の6割を占めている。筋トレで筋肉をつければ、運動していないときにもカロリーを消費しやすい体になる。日常生活の中で自然とやせやすい体になれるのだ。

筋トレ推しの理由

結論をいえば、やせたい人には有酸素運動より筋トレをおすすめする。有酸素運動ではいま述べたような恩恵が受けられないからだ。

ランニングやジョギングなどの有酸素運動をやっていた人は、「続けているうちはよかったが、やめたらすぐに太ってしまった」という経験がないだろうか。

有酸素運動は、筋トレほど基礎代謝量が増えないため、生命維持のためなど運動時以外に使えるエネルギーの消費量も上がらない。そのため、運動をやめてしまうと一気に消費量が減ることになり、リバウンドしやすい。

また、基礎代謝が低いということは、1日に必要な摂取エネルギー量、すなわち食べてもいい量がそもそも少ない。ところが、有酸素運動をしていると食欲が増す場合もあり、本人が思っている以上に簡単にリミットオーバーになりやすい。「やめるとすぐリバウンドする」「食べるとすぐ太る」のは、有酸素運動の落とし穴でもあるのだ。

もちろん、脂肪が消費されやすい点は有酸素運動の大きなメリットだ。いま何か有酸素運動を楽しく続けているなら、やめる必要はない。

ただ、体を引き締めて腹筋を割りたいなら、有酸素運動だけをするより筋トレも行なう方が結果が出せる。たとえば、有酸素運動で目に見える成果を出すには毎日30分〜1時間のジョギングが必要なところ「週に1〜2度、20分ほどウォーキングしています」では運動量が足りない。この場合ウォーキングをジョギングに替えて時間や回数を増やすより、筋トレをプラスして筋肉をつけた方が、代謝が上がってエネルギーを使える体になるということだ。リバウンドしにくい体づくりのためにも、筋トレでしっかり筋肉をつけることが大切だ。

単純な赤字にはならない食事コントロールも

食べなければやせるのは、摂取エネルギーが減るのだから当然のことだ。しかし、単純な赤字になると、基礎代謝を上げて脂肪燃焼を助ける筋肉量まで減ってしまう。

そこで、筋トレで筋肉を増やすようにして減る分を相殺するわけだが、このとき、筋肉をつくるための材料を摂取しなければ意味がない。人間の体を構成するのには、それに適した食物の栄養素が不可欠だ。

人の体の構成要素で最も多くを占めるのは、血液やリンパ液などの「水分」で、次に多いのは「脂肪」。多くは皮下脂肪や内臓脂肪として体内に蓄えられている。

3番目に多いのが「たんぱく質」で、皮膚や内臓などの細胞を水とともに構成する栄養素だ。筋肉も筋繊維という細胞で構成されているから、筋トレを始めたら、筋肉の材料となるたんぱく質を多めに摂取する必要がある。

食事コントロールについては第5章で詳しく紹介するが、単に食事を抜いたり量を減らすのではなく、必要な栄養素は十分摂らなくてはいけないのだ。

腹筋を割る筋トレの真実

さて、腹筋を割るためには、たんぱく質という材料をしっかり補給しながら筋トレで筋肉を増やす努力をする。

腹を割るためのトレーニングなら、迷わず〝腹筋〟だと言う人も多いだろう。「最近、腹が出てきた。これはマズい」というとき、とりあえずやってみるあの運動。仰向けに寝て両手を後頭部で組み、上体を上げ下ろしする「上体起こし」、シットアップという種目だ。

しかし、ここにも大きな落とし穴がある。腹筋運動というと、多くの人が単に上半身を起こす動作を繰り返すものと思っている。ところがこれではほとんど効果は出ない。筋肉を鍛える動きになっていないのだ。

筋肉は、糸のように細い繊維が集まってできており、これを筋繊維という。筋繊維は血管や神経とともに筋膜という薄い膜に包まれていて、筋膜の両端の腱によって骨につながっている。

体のあらゆる動作に応じて、筋肉は伸び縮みする。たとえば片手にダンベルを持って力を入れてひじを曲げると、上腕に力こぶができる。これは、腕の前面についている上《じょう》腕二《わんに》頭筋《とうきん》が力を発揮しながら収縮して、筋肉の長さが短くなっているためだ。これを「短縮性収縮」という。

そのままひじを目一杯曲げると、もうそれ以上はどんなに力を入れてもひじは曲がらない状態になる。この、力を最大限発揮しながら筋肉の長さは変化しない状態を「等尺性収縮」という。

さらに、曲げたひじを伸ばしていくときには、重いダンベルを落とさないよう上腕二頭筋は力を発揮しているが徐々に筋長が長くなる「伸張性収縮」の状態となる。

筋肉を鍛えるには、これらの「収縮」を起こさせることが不可欠だ。体を曲げる動作で、筋肉の長さが短くなる短縮性収縮と、伸ばす動作の際の伸張性収縮、力を入れたまま同じ体勢を保つときのような等尺性収縮を組み合わせて行なうことが重要なのだ。

ところが、多くの人が「腹筋」（運動）と思ってやっているのは、上半身を真っすぐ伸ばしたまま、腰から上を上げ下げするような運動だ。これでは腹筋に収縮が起こらないため、筋トレの効果は得られない。

正しいシットアップとは、上半身を丸めながら起き上がって腹筋をギュッと縮めていき、もうこれ以上は縮まないところまで行ったら、丸めたカールをほどいていくようにもとに戻る。これが正しいやり方だ。その間、腹筋の力は入れたまま。短縮と伸張によって「収縮」が起きなければ、その腹筋（運動）はほとんど意味がない。筋トレで腹筋を鍛えるには、正しい動きで行なうことが必須なのである。

上体起こしで下腹部は割れない

シックスパックは割れた腹筋の代名詞だが、実際には、腹筋はみぞおちから下腹にかけて左右4つずつ、全部で8つに割れている筋肉だ。

実は、腹を丸める正しい方法で行なっても、上体起こしではこのすべてを割ることはできない。上体起こしで収縮を起こせるのは腹の上部からへそのあたりまでで、それより下まで引き締めるためには、これまで述べてきた腹筋とはまた別の、「腹横筋《ふくおうきん》」や「腸腰筋《ちょうようきん》」といった筋肉を鍛えることが必要だ。

そのためのトレーニングは、シットアップの上体を起こす動きとは反対に、下半身を引き上げる動きを取り入れる。128ページで紹介している「レッグレイズ」と呼ばれるような種目で、腿を持ち上げる際に下腹部の力を使い、この部分の筋肉を収縮させることで鍛えるというものだ。

このように、ひと言で腹筋といってもそのエリアは胸の下から下腹部まで広く、脇腹など腹の側面も鍛えて引き締めなければ腹筋はきれいに割ることができない。

また、腹部には皮下脂肪のすぐ下の浅い位置だけでなく、より内側の深部にも筋肉があり、腹を凹ませるにはインナーマッスルと呼ばれるこの深層の筋肉の引き締めが不可欠だ。さらに、こうした腹部の筋肉を鍛えるなら、背中や尻など体の背面からも鍛える必要がある。腹筋を割るには、体の前面、側面、背面から、そして深部からもアプローチするため、それぞれに適したトレーニングが必要なのだ。

腹を割るための腹部の筋肉

そもそも、これまで腹筋という言い方をしてきたが、腹の筋肉は正しくは「腹筋群」であり、複数の筋肉が集まって構成されている。

そこで、腹筋を中心にその他の筋肉についても改めて見てみよう。

人間の体の筋肉は、その働きによって「骨格筋《こっかくきん》」「平滑筋《へいかつきん》」「心筋《しんきん》」という3つに分類できる。

「骨格筋」は、関節をまたぐようにして骨に付着している筋肉で、姿勢を保ち、骨格を動かす。体が動作をするときに働く筋肉だ。関節が曲がる側についているものを屈筋《くっきん》といい、収縮することで関節が曲がる。これに対し関節の反対側についているのが伸筋《しんきん》で、縮むと関節が伸びる。

屈筋は収縮するときに力を発揮するが、自力で伸びることはできない。このため、関節の反対側についている伸筋と互いに拮抗《きっこう》するように動くことで、関節は曲げたり伸ばしたりできる。腕でいえば、ひじを曲げるときに使われる上腕二頭筋が屈筋で、ひじを伸ばすときには二の腕の裏側の上腕三頭筋という筋肉が使われる。

骨格筋は自分（人）の意思で動かすことができるので、「随意筋《ずいいきん》」とも呼ばれる。

一方、自分で動かすことができないのが「不随意筋《ふずいいきん》」で、内臓の筋肉である「平滑筋」と心臓だけにある「心筋」がある。

筋トレや腹筋を割るためには自分の意思で筋肉を動かし鍛えるので、内臓や心臓の筋肉は使えない。つまり、筋トレで使う筋肉は骨格筋であり、これまでこの本で触れてきた「筋肉」は骨格筋のことだ。

腹筋群も骨格筋で、大きく分けて4つの筋肉で構成されている。

①腹直筋《ふくちょくきん》

胸骨から恥骨にかけて腹部の中央に縦に走る筋肉で、シックスパックが形成されるのがこの腹直筋。体を丸める動作に使われ、内臓を正しい位置に収める役割も果たしている。

②外腹斜筋《がいふくしゃきん》

肋骨の外側から腹の中心に向かって斜め下に走っている筋肉。皮膚のすぐ下、腹直筋の両脇に位置する筋肉で、体を横に倒すときやねじったときに使われ、腹直筋を助ける役目もある。腹を6つに割りたいなら、腹直筋のみならず腹斜筋（外腹斜筋・内腹斜筋）を覆う脂肪も落とさなければ盛り上がりが不十分になってしまう。筋トレの際にはこの筋肉の引き締めも十分行なう必要がある。

③内腹斜筋《ないふくしゃきん》

骨盤から肋骨に向かって斜め上に走る筋肉で、外腹斜筋の下（奥）に位置する。内腹斜筋と外腹斜筋はたすき掛け状になっており、互いに協力し合って体を横に倒す、ねじる、骨盤を引き上げるなどの動きに使われる。腹直筋を助ける役目も持つほか、脇腹を引き締め、下腹を凹ますためにも重要な筋肉である。

④腹横筋

内腹斜筋のさらに奥にあって肋骨と骨盤の間を腰巻きのように横向きに走る筋肉。腹圧を調整し、内臓の位置を支え、呼吸の際にも使われるため、生命活動にも欠かせない重要な筋肉のひとつだ。コルセットのように腹を締める役割があり、腹がぽっこり出てしまう人の多くは、この腹横筋が衰えている。たるみ腹の解消、脇腹の引き締め、姿勢の保持にも欠かせない。また、腹横筋が鍛えられると骨盤が安定するため、腰痛の改善にもつながる。

腹筋を割るためのその他の筋肉

腹の筋肉以外で、腹筋を割るための重要な筋肉には次のようなものがある。

◆下腹・太腿の筋肉……腸腰筋

上半身と下半身をつなぐ唯一の筋肉で、内臓よりも下にあるインナーマッスルのひとつ。太腿を引き上げたり、背骨のS字カーブを支えて尻の筋肉を引き上げ、骨盤を正しい位置に保つ役割があり、下腹の引き締めに重要。大腰筋、小腰筋、腸骨筋に分かれていて、総じて腸腰筋という。

◆背中の筋肉

①脊柱起立筋《せきちゅうきりつきん》

後頭部から背骨、腰骨にかけて背骨に沿って走る縦長の筋肉で、シットアップでは丸めた上半身を戻して背骨を伸ばすときに腹筋と拮抗して働く。腹筋とともにバランスよく鍛えておかないと運動能力が低下したり、腰痛の一因になったりもする。

②広背筋《こうはいきん》

腕のつけ根から脇腹にかけて、背骨に向かって背中全体を大きく覆う筋肉で、脊柱起立筋とともに鍛えることで背中の柔軟性が高まり、腹筋が収縮しやすくなる。大きな筋肉なので鍛えると基礎代謝量の増加につながる。

③僧帽筋《そうぼうきん》

上部は後頭部から鎖骨・肩甲骨、下部は背中の中心部までを覆う背中の表面にある筋肉。脊柱起立筋・広背筋とともに鍛えることで背中の柔軟性が高まり、腹筋が収縮しやすくなる。

◆臀部の筋肉

①大臀筋《だいでんきん》

骨盤の背面を覆うようについている臀部の筋肉で、股関節を支え、脚を後ろに蹴り上げるような動作に使われる。腹筋のトレーニングは大臀筋も引き締めながら行なうことが重要だ。

腹まわりの筋肉（前）

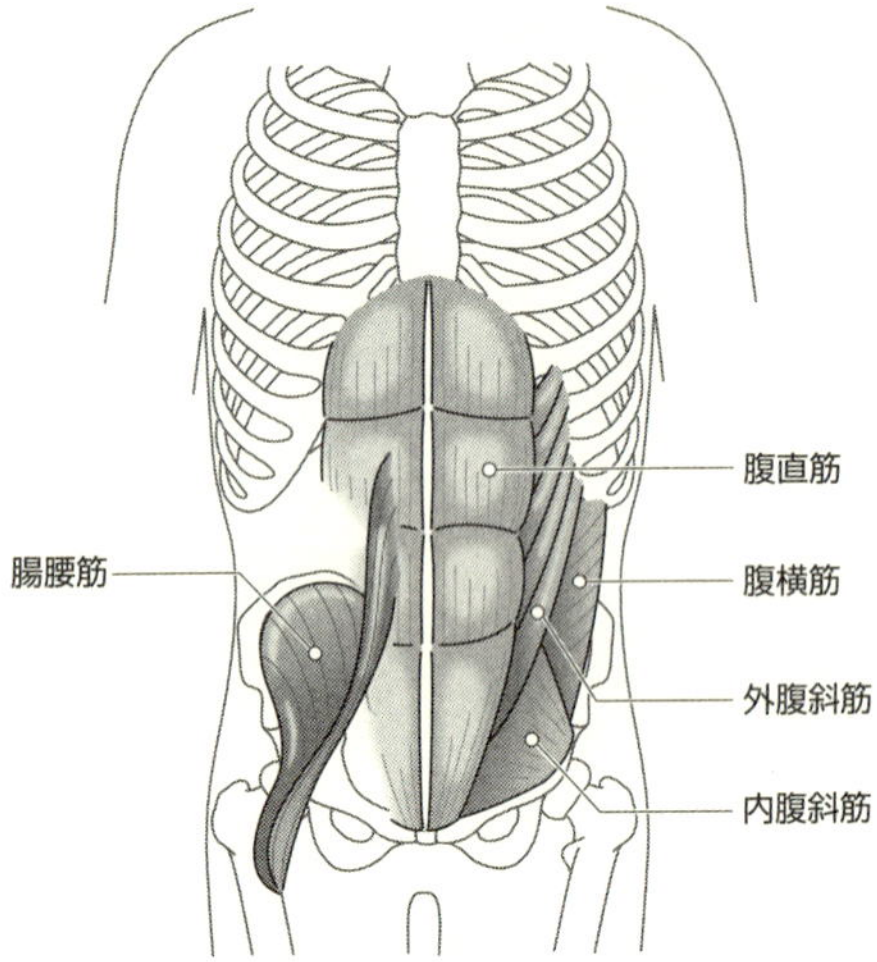

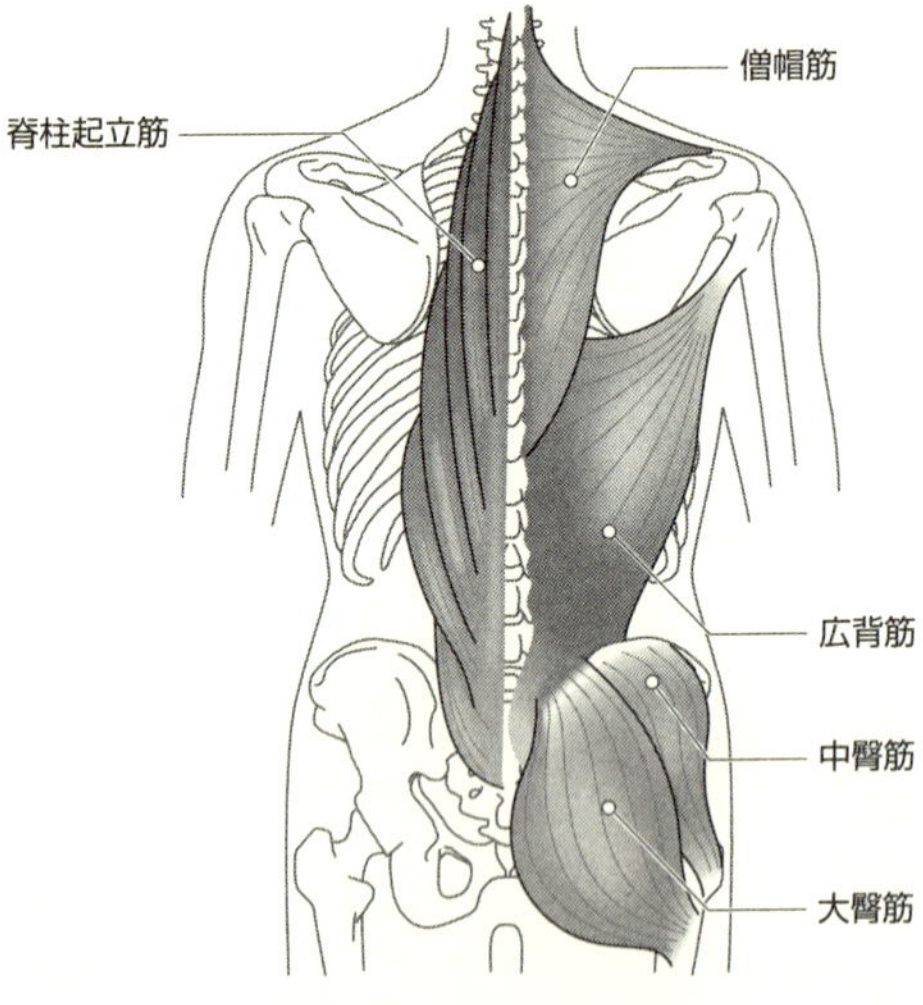

腹まわりの筋肉（後ろ）

②中臀筋《ちゅうでんきん》
大臀筋の深部にある筋肉で、歩くときなどに体が左右に揺れないようバランスをとる。

大臀筋・中臀筋を鍛えると代謝が上がり、消費エネルギー量を増やすことができる。

腹筋を割るのに背中と尻を鍛える理由

割りたいのは腹筋なのに、なぜここまで多くの筋肉を鍛えるのか？

腹筋を割りたい、腹まわりを引き締めたいと思うとどうしても腹に意識がいってしまい、腹部のトレーニングだけを優先しがちになる。しかし、背中や尻の筋肉も合わせて鍛えなければいけないのには、大きく3つの理由がある。

まず初めに、腹筋も骨格筋だから、自力で収縮することはできても伸びることはできない。そこで、縮まった腹筋をもとに戻すには、丸めた背骨を伸ばすという背筋の力を借りる必要がある。

このように互いに対立する動作をする筋肉を拮抗筋といい、一方を鍛えたいならもう一方も同時に鍛えないと、ケガのもとになったり肝腎の筋肉が発達しないこともある。

腹筋を鍛えるときは、拮抗筋である背筋（脊柱起立筋）も鍛える。これからは筋トレは拮抗筋のセットでとらえるようにしよう。おもな組み合わせには次のようなものがある。

・腹筋（屈筋）↔脊柱起立筋（伸筋）
・上腕二頭筋（屈筋）↔上腕三頭筋（伸筋）
・ハムストリングス（腿の裏面／屈筋）↔大腿四《だいたいし》頭筋《とうきん》（腿の前面／伸筋）

2つ目の理由は、腹筋とともに背中や尻などの大きな筋肉を鍛えると、基礎代謝量を上げられるからだ。腹を引き締めるには体脂肪を落とすことが不可欠で、そのためにはエネルギーの消費量、特に基礎代謝量を増やし、寝ている間もエネルギーを使う体にすることが重要だったはずだ。

実は、基礎代謝量を上げるには腿を鍛えることも有効だ。しかしいまここで目標にしているのは腹を割るということだ。腿まで範囲を広げてしまうと、トレーニングにかける時間や労力を増やさねばならなくなる。

目標が明確になっているときは、それに対して最も有効で効率のよい方法をとればよく、ここでは背中と臀部を重点的に鍛えれば十分だ。それぞれ、腹筋と組み合わせて複数を一度に鍛えられるメニューを考案してある。忙しいビジネスパーソンにとっては、筋トレにも効率化が重要。最小コストで最大効果をねらうのだ。

3つ目の理由は、腹や背中、尻というのは、体の中でも重要な役割を果たす場所に位置している。次章で詳しく紹介するが、体の中心から全身を支える「体幹（コア）」という部分だ。

コアを鍛えることは全身を正しく使えることに直結していて、全身を正しく使えれば、腹筋はどんな動作のときにも常に使われるようになる。背中や尻を鍛えてコアの機能を高めることで、日常のあらゆる動作を腹筋のトレーニングにできるのだ。

腹筋を割るために重要な食と睡眠

腹筋を割るためには有酸素運動より筋トレがいい理由がわかり、どの筋肉を鍛えればいいのかもわかった。では早速具体的なトレーニングの方法を……と第4章を開くのは待ってほしい。筋肉を鍛えて大きくしたい、シックスパックを目立たせたいからと、勇んで毎日筋トレをしたらどうなるか？

せっかくの筋トレの効果は得られず、筋肉は発達しないのだ。

筋肉が鍛えられて大きくなることを「筋肥大《きんひだい》」というが、これには「運動」「栄養」「休養」が必要だとされている。「運動」とはここでは筋トレのことで、「栄養」は黒字にも単純な赤字にもならない食事のことである。筋肉の材料となるたんぱく質を多めに摂ることや、そのタイミング、食事回数などが重要だ。

では「休養」とは何か。

筋トレをして筋肉に負荷がかかると筋肉の細胞である筋繊維には負荷に耐えきれずに傷がつき、個人差はあるもののその修復には48〜72時間かかる。

その修復時には、ダメージを回復させるため、筋肉は〝一時的に〟もとの状態より大きくなっており、これを「超回復」という。

もう少し詳しく言うと、トレーニング後の損傷した筋繊維には、疲労物質の乳酸がたまって酸性に傾いており、それまでできていた筋収縮ができなくなる。すると、筋肉は一時的に容量を増やして大きくなることで、乳酸の濃度を薄め、酸性の状態を解こうとするのだ。

この、筋肉がもとのサイズより大きくなった超回復の間をねらってまた筋トレを繰り返して行なうと、筋肉は徐々に肥大していく。

しかし超回復が起きるまでの間は、トレーニングをしても効果がない。なぜなら、筋繊維のダメージが回復し始めないうちにトレーニングをしてしまうと、筋肉はずっと傷ついた状態を繰り返すだけになり、回復のために大きくなろうとする地点が訪れないことになる。

張り切って毎日やっても筋肉は大きくならないどころか、ダメージを繰り返して筋レベルを低下させてしまう。

一方、次回のトレーニングまで時間があきすぎてもよくない。せっかく大きくなった筋肉はすっかり回復して、前回のトレーニング前の状態に戻ってしまうのだ。筋繊維の「超回復」とは、転んで膝を擦りむいた傷口が、治るまでの間だけ、腫れて盛り上がったようになるのと似たものなのだ。それが回復しきってしまう前に、また筋トレをしてさらに傷をつけることで、「筋肥大」させていくのである。

超回復に必要な48～72時間を考慮して、同じ部位へのトレーニングはだいたい2日おきくらいを目安に行なうといい。その間はしっかり「休養」することが必要だ。

筋細胞の修復にも、成長ホルモンが関わっている。成長ホルモンは夜、寝ている間に分泌が高まるので、質のよい睡眠をとることが大事だ。「寝る子は育つ」の心がけで、シックスパックは育つのだ。

強さだけではない、筋肉の機能性

腹筋を鍛えるには、シットアップをする際に上半身をしっかり丸めて腹直筋を完全に収縮させることが大切だ。

しかし、いざやってみると簡単ではないかもしれない。それまでやっていた「上体を真っすぐのまま起こす」のはできても、正しいシットアップが思うようにできないのは、背骨や背筋が固くてうまく使えないからである。

筋トレで体を鍛えるというのは、単に体にスタミナがあって腹筋が1000回できればいいというわけではなく、体に本来備わったさまざまな力を連動させながら、協調して発揮させ、体が「機能的に」動けるようにすることが必要だ。そのためには、次のような力が求められる。

・柔軟性（フレキシビリティ）……関節や筋肉のやわらかさ
・可動性（モビリティ）……動きやすさ、動かせる範囲の広さ（体の柔軟性によって関節を動かせる範囲／筋力で動かしたときに発揮される運動範囲）
・安定性（スタビリティ）……ブレずに姿勢や動きを支える力（メインで働く筋肉と補助的な筋肉、拮抗筋のバランス）

これらが互いに関連しながら、高い能力を発揮できるのが「機能的に動ける体」である。安定性と可動性はまさに「静」と「動」であり真逆の力だが、体の動きというのはもともと、こうした相反する力を同時に使ってひとつの動きをつくり上げたり、互いの力を利用し合って全体のパフォーマンスを高めている。

たとえば、サッカーのシュートは、振り上げた脚の可動性を、軸足の安定性が支えることで、振り上げた脚はそのまま勢いよく振り抜いてボールに強いパワーを伝えられる。

可動性と安定性どちらか、あるいは両方の機能が衰えていたりバランスを崩していると、サッカーどころか日常動作の中でも、ただ真っすぐ歩くだけなのに上半身が左右に揺れてしまうといったことが起こる。

本来なら、体のどこのどんな機能が低下しているのか、ほかのどの部位の動きと組み合わさったときにおかしくなるのかなど、人それぞれの体の使い方をきめ細かく見ていくことも必要だが、この本では、誰にも共通する体の重要パーツに絞ってこうした複数の機能を複合的に高めながら、最終的にはそれらが総合して腹筋の引き締めや強化につながるトレーニングを紹介する。

シットアップでも、レッグレイズでも、その他のストレッチでも、行なうときには割れた腹筋はもちろん、体全体がさまざまな力を活かし合い機能的に動ける体に近づいている、そんなイメージでやってみてほしい。

第3章 正しく動ける、使える、燃やせる体で、腹筋は割れる

「コア」の重要性を知る

「正しく動ける体」とは一体どんな体だろうか。ひと言でいえばそれは、「コア」を使って動ける体のことだ。

コアとは、ものの中心にある核や芯を表す英語のCORE。体においては「体幹」とも呼ばれ、アメリカなど海外のトレーニング用語ではピラー（PILLAR：柱）といわれることもある。

コアという呼び名は、最近はだいぶ浸透してきているが、その定義やとらえ方はさまざまで、おもには体の中心にある腹筋や、その奥にあるインナーマッスルを指すことが多いようだ。

しかし、私はもっと広範囲にコアというものをとらえている。腹筋だけでなく、背中や胸を含めた胴体と股関節をコアととらえている。つまり、全身から頭部と手足を除いたすべての部分をコアと定義している。

なぜ、そこまで広範囲のエリアをコアだと考えるか。ここにこそ、正しく動くということのポイントがある。

私のいうコアは、骨格でいえば肩甲骨や肋骨、背骨から骨盤まで、文字どおり体の中核を成す部分であり、肩関節や股関節といった、体の中でも特に大きな関節のあるエリアだ。筋肉も、大胸筋、腹筋群、背筋、大臀筋など、大きな筋肉が集中している。実は、「正しく動く」とは、これらの大きな関節や筋肉を使って動くことなのだ。

コアは会社の経営陣

人間の骨格や筋肉は、そもそも中心が大きく、末端にいくほど小さくなるようにつくられている。胴体から伸びる四肢が、腕なら上腕から前腕、手先、指先まで。脚は太腿、ふくらはぎ、足首、足の指と徐々に小さく細くなるように、コアという太い幹から枝葉が伸びていて、徐々に細くなっていく。

太い幹であるコアががっしりと支えていないと、ちょっとした動きでも体がブレる。すると、肩や首、膝や足首など末端の小さな関節や筋肉に負担がかかり、凝りや痛みのもとになったり、大ケガをする可能性も生じてくる。

日頃から私はよくたとえて言うのだが、コアとは会社でいえば役員や社長クラス。経営の中枢を担う重要ポストだ。

経営の中枢がしっかり機能しないでブレまくっていては、末端にシワ寄せがいくのは目に見えている。そうではなく、まず司令塔である経営陣がブレない道筋を示し、自ら率先して（ときには大胆に）動き、それに従って下層のさまざまな組織も求められる動きで能力を発揮する。これが本来あるべき経営の姿だろう。

体も同じで、人間本来の体のつくりに沿って中心→末端の順序で動かし、パワーを伝え、連動させて動くことが、最も効率のよい動きなのだ。

ランニングとコアの関係

コアを使って体の中心から動くことの重要性について、ランニングを例にさらに詳しく見てみよう。

走るという動作（走動作）は、脚で地面を蹴ることによって生まれる上方への浮上力と、前方への推進力からつくられる。

このとき、太腿外側の大腿二頭筋《だいたいにとうきん》と、内側の半膜様筋《はんまくようきん》、半腱様筋《はんけんようきん》という3つの筋肉（いわゆるハムストリングス）が、蹴り出した脚の膝関節を曲げて膝下を巻き込みながら腿を前方に送り出し、続けて今度は膝関節と股関節を伸展させて脚を伸ばしながら次の蹴り出しに向けて前方に着地するという動作を連動させて行なっている。

ランニングのフォームや筋肉の使い方として、「体の裏側を使えていないと、うまく走れない」といったことを耳にすると思う。確かに、脚の裏側にあるハムストリングスは走動作に欠かせない機能を担っている。

しかし、ここで知っておいてほしいのは、ハムストリングスは走動作の中でキック動作のメインとなるわけではなく、ストライドの大きさを調節したり、着地時に重心を安定させるといったサブ的な働きをしているという点だ。

キック動作の主体となっているのは、おもに大臀筋や中臀筋など、コアに含まれる臀部の筋肉だ。ここがうまく使えていれば、力強く地面を蹴ることができる。そこで生じる反動的なパワーを浮遊の力に変えると同時に、ハムストリングスに伝えて脚を回旋させ、前方への推進力を得る。末端に余計な負担を強いることなく、効率的に走ることができるのだ。

一方、臀部の筋力が不足していたり、うまく使えていないと、本来はメインではないハムストリングスにシワ寄せがいって過剰な負担がかかり、肉離れなどのトラブルを招く。また、本来の役割以上の負担を負わされたハムストリングスの働きを補おうとして、腿の前面が負担増となり、パンパンに張ってしまったり、膝や足首の関節を痛めたりもする。

拮抗筋抑制とは

臀部だけでなく、コアの前面に位置する腹筋、特に骨盤と股関節を結んでいる腸腰筋も重要だ。

腸腰筋は、股関節を伸ばす筋肉である大臀筋や中臀筋とは反対の動きをする筋肉で、股関節を曲げて腿を引き上げる屈曲動作を担っている。

実は、筋肉が活動する際には、拮抗筋抑制《きっこうきんよくせい》という神経機構が作用する。ある筋肉が働くときには、その筋肉が動きやすいように、反対の働きを担う筋肉は抑制されるという仕組みだ。つまり、臀筋が股関節を伸展させて地面を勢いよく蹴り出す際には、腸腰筋の屈曲作用（収縮しようとする力）は抑えられ、脚が伸びるのに合わせて腸腰筋も抵抗なく伸ばされる。

ところが、腸腰筋は全力疾走などのスプリント動作で疲労しやすく、日頃のストレッチ不足などで柔軟性が衰えていると、肩凝りのように強ばって固くなってしまう。するとその「縮まろうとする力」が、臀筋の「伸びようとする力」を妨げてしまい、筋力が低下する。それを補うために、ハムストリングスが過度な負担を強いられる。こうして悪循環が生じてしまう。

ランニングでハムストリングスの肉離れの多い人は、ハムストリングスの筋力や機能に問題がある可能性にとどまらず、腸腰筋をうまく使えていない、あるいはその機能が衰えている場合もあるわけだ。

コアにも十分なストレッチを

キック動作で腸腰筋に求められる機能のひとつは、必要なときにはその働きを抑えられること。そのためにはやはり、柔軟性、可動性など、多面的に機能を上げていくことが求められる。コアから使う、コアを鍛えるとひと口に言っても、単純にパワーの増強だけがトレーニングではないのである。

ランニングの前後には、ハムストリングスなど脚のストレッチだけでなく、尻の筋肉や腸腰筋のストレッチも十分に行なった方がいい。簡単なものを紹介しておこう。

①大臀筋のストレッチ（左右各10〜30秒）

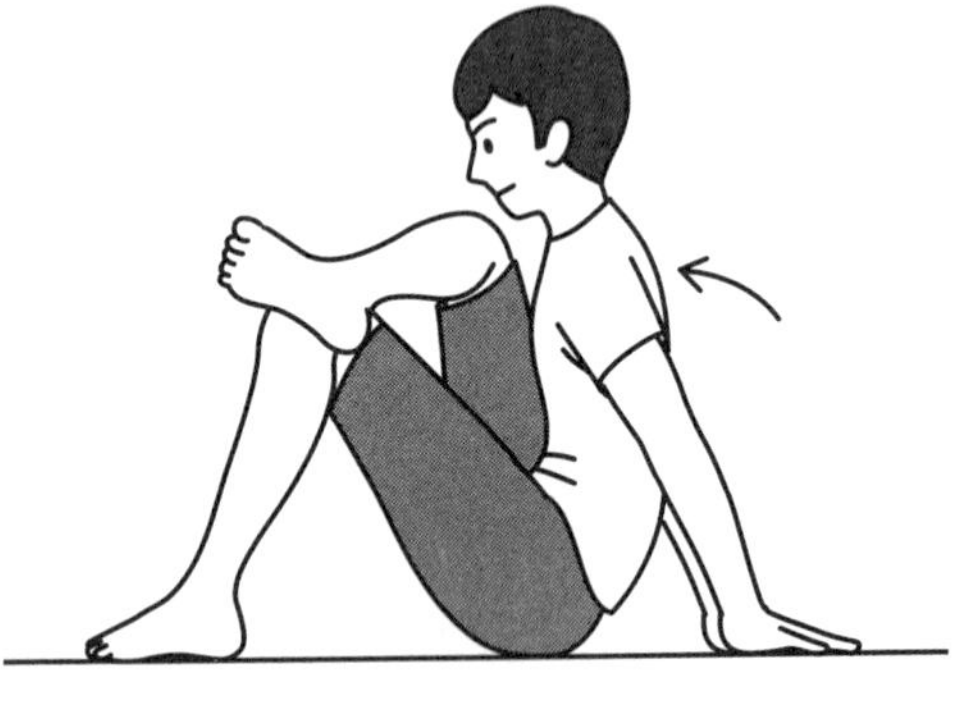

膝を立てて床に座り、両手を後ろにつく。右の足首を左膝の上に乗せて、胸を脚に近づけ、右の大臀筋を伸ばす。反対側も同様に行なう。

②梨状筋のストレッチ（左右各10〜30秒）

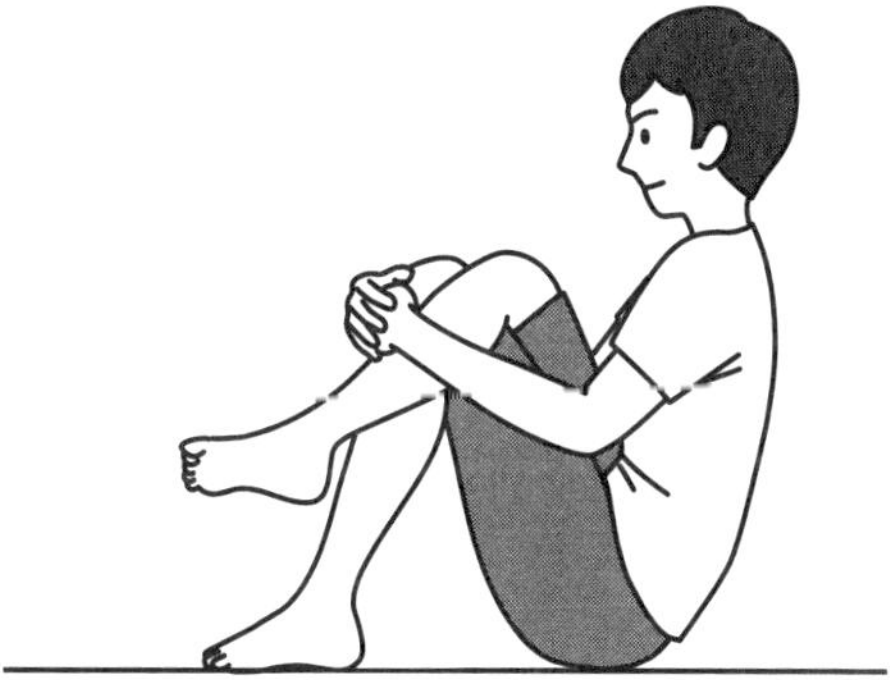

①の脚を組んだ姿勢から、右膝を両手で抱えるようにして胸に引きつけ、右の大臀筋・中臀筋を伸ばす。反対側も同様に行なう。

③腸腰筋のストレッチ（左右各10〜30秒）

右脚を大きく一歩踏み出して立った姿勢から、右膝を曲げて重心を下げる。両手を右膝に置いて体重をかけながら、左の骨盤前面〜股関節をよく伸ばす。反対側も同様に行なう。

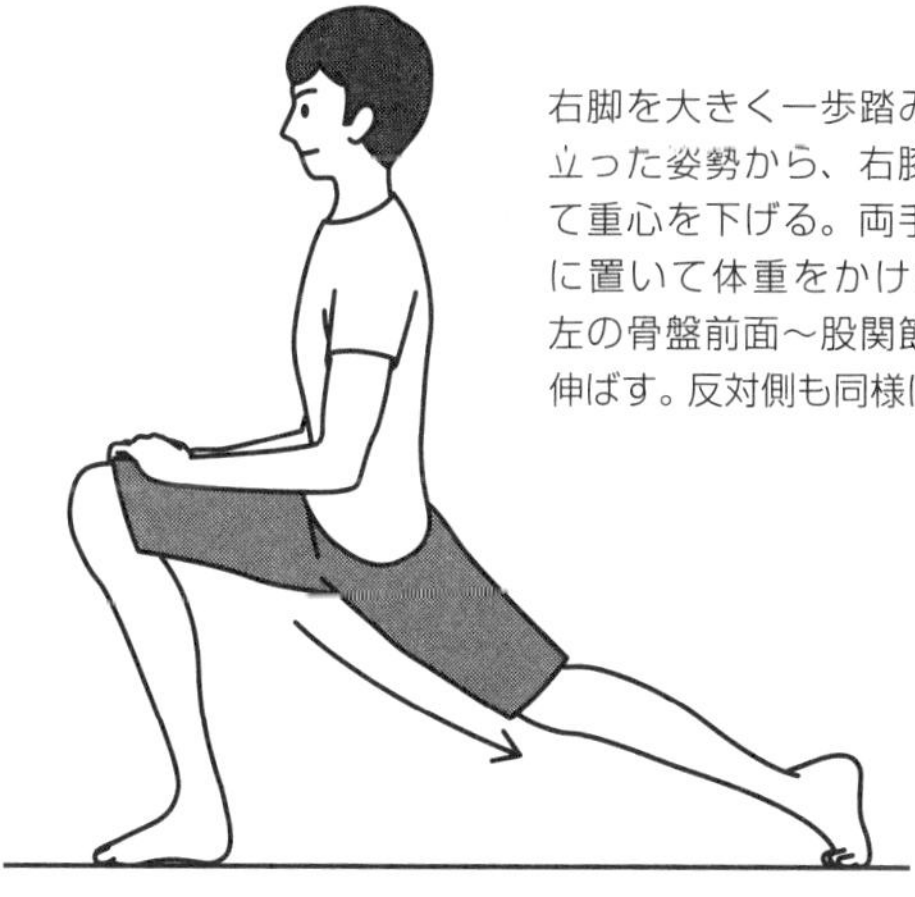

どんなスポーツもコアで変わる

ゴルフのスイングも然りである。

コアの腹筋と尻とで下半身を安定させて、ブレない軸を保つ。腹筋とともに骨盤と肩甲骨から大きくひねるバックスイング。そのねじれを一気に戻し、解き放つように腰と肩が回ることで、回転の勢いがパワーとなってインパクトゾーンで胸も脇も締まる。パワーはもれなく最大限のままボールに伝わり、腕は胸筋ではじかれるようにフォロースルーへと振りほどかれる。ヘッドが走る。ボールが飛ぶ。そのまま大きくフィニッシュまで到達する。

これが、コアを使えていないと、軸が定まらないため、まず正しいアドレスの姿勢がとれない。腰と肩を回せなければ、腕力だけで振ることになり、インパクトゾーンで胸と脇が離れてしまって、ボールにパワーを伝えられない。

どんなスポーツであれ、コアを使えば正しく、効率よく、パワフルな動きが可能となる。しかし、プロのアスリートでも、それができているとは限らない。

あるプロ野球ピッチャーの事例

私のクライアントにはプロ野球選手もいるが、あるピッチャーは、長年ボールを腕だけで投げており、肩を使えていなかった。

体本来のつくりに沿った使い方をするなら、まず初めに肩甲骨が大きく動き、上腕、前腕、手首の順に動いていくのだが、彼は腕だけで投げており、それが彼にとって当たり前の正しいフォームだった。

そこで、肩甲骨がうまく使えていないことや、長年の蓄積で可動域が狭くなっていることを伝え、肩をほぐしてモビリティを上げるトレーニングを提供した。

すると、ほんの少し試しただけで、

「何だこれは。全然違うぞ」

肩を使ってコアから投げるとどうなるか、いかに腕が動きやすくなるか。初めて違いがわかったと言う。しかも思い出したように、

「そういえば、何度も言われていた」

腕が上がっていない。腕を上げろ。そのうち肩を壊すぞと、幾度となく言われていた

のだそうだ。

「こういうことだったのか」

その選手はだいぶ驚いたようだった。

腕だけで投げるフォームしか知らなかったために、「上げろ」と言われても腕はうまく上がらない。「肩を使う」ことを知らなかったのだから当然だ。

ケガの危険性を指摘されても、どこになぜ負担がかかるのかわからない。

言葉は深く理解されないままだったわけだが、一度体で知って、違いがわかれば、動きは格段に変化する。ケガなどのトラブルを招くことなく、体本来のつくりを活かした機能を発揮できるようになるのだ。

コアはあらゆる日常動作に関わる

これまで述べたコアの重要性は、プロのアスリートやスポーツの世界にだけ問われるものではない。

人によっては、「自分は何のスポーツもしていないし、特に体力を使う仕事に就いているわけでもない。体のパフォーマンスをフルに発揮する機会もないのに、コアを使って動く必要性がわからない」と思うかもしれない。

あるいは、「腹筋を割ることと、肩甲骨や大臀筋がどう関係あるのか？」との疑問もあるかと思う。

ひとつ目の問に対していえば、スポーツ選手やアーティストでなくても、コアは日常のあらゆる動作に関わっている。

歩く、走る、階段を上り下りする、床に落ちたものを拾う――。無意識に行なっている些細な動作ひとつも、コアが軸となって全身の動きを支えているのが、体本来のあり方、使い方だ。

ところが、人間の体というのは器用にできているもので、コアを使わなくても腕や手先、首まわりなどの末端だけで、大抵の動作はまかなえてしまう。

試しに、戸棚など高いところにあるものを取るときの動きを再現してみてほしい。腕と手先だけでも難なく届いてしまい、肩甲骨から動かしている人など、ほとんどいないだろう。というより、日頃の生活の中で、自分の肩より高い位置に腕を上げるということと自体、あまりないだろう。

そうやって末端だけで動き続け、ある日突然、四十肩・五十肩、ぎっくり腰になったりする。肩や腰など、コアの機能は使わなければ衰えていく。急な動きや負荷がかかると、一気に大きなトラブルになることもある。

そんなときは、病院で電気治療や投薬を受ければ痛みは緩和し、故障は治癒されるだろうけれど、痛みが消えれば、人は忘れる。問題を見ようとしなくなる。また誤った体の使い方を続けることになってしまう。

「コアを使う」という正しい動きに変えないままでは、機能は改善されないばかりか、さらに衰える一方だ。そうしてまた、本来使うべきところが使えないために、末端で動き、過剰な負担がかかり、故障や機能不全を招く……。ネガティブ・ループにはまってしまうのだ。

その行く末に、ロコモの危険性もある。「ロコモは高齢者の問題。まだまだ先のこと」と思うだろうか？　ロコモに至ってしまう道筋は、誤った日常動作を長期間続けてしまい、積み重ねてしまうことなのだ。

身の回りの道具や機械は、間違った使い方を続けていると消耗が速く、故障する。人間の体も同じだ。小さな動作を誤っている、その蓄積が将来に悪影響を及ぼすのだから、逆にいえば、日常の動作から正しく改め、積み重ねていけばよい。そうすれば、体は長く使える。

いまならまだまだ改善できる。歩けなくなってからではなく、いま、始めない理由がどこにあるだろうか。

「腹筋を割る」とコアの関係

2つ目の疑問は「腹筋を割ることに、コアがどう関係するのか」ということだ。

食事制限をしてシットアップをやり続ければ腹筋が割れるのなら、何も言うことはない。だが、第2章でも述べたとおり、腹筋を鍛えたければ、腹を丸める。これが必須だ。ところが、正しい体の使い方ができていない人にはこれができない。屈曲・伸展という筋肉の使い方の基本がなっていないところに、いくらトレーニングを重ねても、目指す効果は得られにくい。同じシットアップを100回やっても、結果は大きく変わってしまう。

そして、腹筋（ここでは特に腹直筋）がグッと丸まり、完全屈曲するためには、背面の背骨やその周辺の筋肉がやわらかく、しなやかに可動しなければならない。

腹を割りたければ、腹筋だけでなく背筋や肩関節、胸の筋肉、骨盤や股関節など、コア全体が正しく使われていることが大事だ。

それができて初めて、コアの内部で連携が生まれ、腹筋も正しく動くようになる。コアを鍛えて正しく使えるようにすることこそが、腹筋を割る近道なのだ。

当然ながら、そのためには腹筋以外のトレーニングも取り入れることになり、一見遠回りに思えるかもしれない。しかし、腹のトレーニングだけで腹筋を割るには相当な努力が必要。丸まらない腹筋でシットアップを続けるには、完全屈曲する腹筋で行なう以上の背筋力が求められ、回数も何倍もこなさなければならない。

そんなハードなトレーニングを、わざわざ進んでしたいだろうか。コアを鍛えれば、こうしたムダを省いた効率的な道筋で、割れた腹筋が手に入るのだ。

コアを重視する理由

私がコアを重視し、体を正しく使うことにこだわる背景には、個人的な経験もある。

中学、高校、大学と、私は陸上競技を続けてきた。人一倍練習し、努力してきた自負がある。全国大会にもたびたび出場しそれなりの成績もおさめてきたが、上には上がいるものだ。私もさらに上を目指すのだが、そんな私を常に苦しめてきたのがケガだった。

走るたびに、走れば走るほど肉離れなどのケガをする。目標に向けて全力で進んでいるさなか、体の故障で道を阻まれるのは本当につらかった。

「ケガをするのは、『弱い』からだ」。当時の私は、そう考えていた。

パワーが追いついていないから、負担に負けて故障する。強靭な筋肉を身につければ、ケガなどするはずがない――私だけではない。周囲の仲間も指導者も「パワー至上主義」の考えで、それが当たり前だった。

徹底的に筋力を増強しようと、極限まで全身のウエイトトレーニングに励む日々。特にケガの多かった脚など、当初は40キロ前後だったレッグカール（腿のトレーニング）のウエイトを80キロまで引き上げた。

しかし、それでもケガをする。「これで万全、ここまで鍛えたのだから！」と思って走るのだが、すぐにまた肉離れ。その繰り返しだった。強靭な筋肉をまとっても、状況は変わらなかった。

そんな私が、アメリカで衝撃を受けた。

大学在学中からインストラクターとしての仕事も始め、卒業後は本格的に指導者の道を歩んでいたが、スポーツなどの機能向上・成績アップが目標の場合でも、ダイエット目的でも、トレーニングといえば「鍛えて強くする」パワー志向は変わらない時分。それでも、海外のジムがちらほらと日本に進出し、最新鋭のマシンやジムの運営システム、パーソナルトレーニングといった新しい概念も入ってきてはいた。２０００年頃のことだ。

１９９９年にアリゾナ州に設立されたアスリートのための総合サポート施設、アスリーツパフォーマンス（ＡＰ）で働く機会に恵まれたのだ。

その頃の私は、体を絞っていた陸上選手時代とは異なり、体をデカくすることに夢中。いまより約20キロ多い体重85キロの体にＸＸＬサイズのＴシャツ姿で意気揚々とアメリカへ旅立ったのだが……。

ファンクショナル・トレーニングとの出会い

マーク・バーステーゲン氏が設立したアスリーツパフォーマンスは、特にアスリート向けにパフォーマンスを高めるトレーニングを提供している。

そこで行なわれていたのは、アラインメント（姿勢）やドローイン（腹筋の使い方の一種）など、基礎を重視し、「体の動きを改善する」という考え方をすべての基本に据えたトレーニング。マシンもほとんど使わない、言ってみれば地味なトレーニングを、全米のトップレベルのプロスポーツ選手たちが熱心に行なっていた。

「そんなに体をデカくして、ケガするぞ」

本場アメリカ＝パワーの筋トレとばかり思っていた私が、いざ現地に行ってみて言われた言葉である。パワーに頼らず、ひたすら体の使い方、正しい動かし方にフォーカスするアプローチは、自分が日本で行なってきたのとはまったく異なるものだった。

まさに衝撃的だったが、スピード、ストレングス、アジリティ、さらに理学療法など、さまざまな面から「体の動きを改善」すれば、パフォーマンスは向上する。考えてみれば自明の理で、もっともな話だ。何より、実際その様子が、目の前で展開されている。目からうろこが落ちた。

日本でも、これを伝えなければ！

正しい使い方の重要性、体を正しく使えばパフォーマンスも飛躍的に向上することを、広く伝えていきたい。

このときの思いと経験が、現在私が提供するコアを重視したトレーニング、コア・パフォーマンスのコンセプトの基盤になった。体幹をすべての中心ととらえ、モビリティ（可動性）、フレキシビリティ（柔軟性）、スタビリティ（安定性）など体の機能を総体的に高めてファンクショナル（機能的）に動ける体づくりのためのトレーニングだ。

ちなみに、アスリーツパフォーマンスの「体の動きを改善する」というトレーニングの考え方は、最近日本でも耳慣れてきた「ファンクショナル・トレーニング」としてアメリカから世界に広がり、ＡＰはその発祥の地とされている。

ＡＰのトレーニングは高く評価され、現在、ＭＬＢ、ＮＦＬ、ＮＢＡはもとよりサッカー、ラグビー、トライアスロンをはじめとするさまざまな競技のトップアスリートやチームのトレーニングを監修するほか、軍隊、消防士、ビジネスエグゼクティブ向けにも幅広いプログラムを提供している。

いかに正しく使えていないかを知る

体の動きを改善し、正しい使い方をすればパフォーマンスは向上する。

反対に、正しく使えていなければ、何百本走っても投げても、記録は伸びないし球は飛ばない。

言葉で言うのはたやすいし、言っていることの意味もわかるはずだ。たとえばランニングは尻を使って走る。ボールは肩で投げる。ゴルフは力任せに振らずに腰（体幹）を回す。誰もが耳にし、意識もしていることだろう。

しかし、巷《ちまた》には走れば走るほど体を痛めてしまう〝迷走〟ランナーが跡を絶たず、打ちっ放しで毎回数千円払って体を悪くしているようなゴルファーも大勢いる。

なぜだろうか？

言葉では理解できることも、実際に行なうためには、「正しく使うとはどういうことか」を知らなくてはならない。そしてそのためには、「いかに正しく使えていないか」に気づくことも必要だ。

私のトレーニング指導では、これからトレーニングを始めるクライアントには必ず初めに簡単な動作テスト（ファンクショナル・テスト）を受けてもらっている。関節や筋肉の可動域や柔軟性、軸の安定性やバランス力などの要素から、体の機能性や動きのクセ、得意不得意などを広くチェックできる評価テストで、おもに以下の６つがある。

①ショルダー・モビリティ（肩関節の柔軟性・可動性）
②オーバーヘッドスクワット（尻、膝、脚関節、コアの安定性）
③トランク・スタビリティ・プッシュアップ（コアの安定性）
④ワンレッグ・ブリッジ（骨盤の安定性・股関節の可動性）
⑤ワンレッグ・バランス（尻、膝、脚関節の安定性）

⑥ハムストリング・レイズ（腿裏の柔軟性）

テストの結果、不得意な種目や機能の衰えがわかったら、改善するためのトレーニングを行なう。

実際には、ひとつの種目でも左右差があったり、同じ人でも時間の経過とともに改善したりまた悪化したりと、診断結果は千差万別だ。また、そもそものトレーニングの目的が腹筋を割ることなのか、ダイエットなのか、スポーツの成績アップなのかなどによっても、取り入れるトレーニングの種目や組み入れ方は異なる。

こうしたときに、パーソナルトレーナーについていればきめ細かな対応策が得られる可能性は高い。私のジムでも、クライアントごとの特性や状況と合わせてテストの結果を評価し、必要なトレーニングをプランニングし、経過を見ながら必要に応じて随時内容を変更するといったことを行なっている。

本書でテストしてみる場合は、不得意な種目や体の機能が下がってうまくできない箇所がわかったら、意識的にストレッチしたりほぐしたりして、日頃から少しずつでも

「使っていく」ことが大事だ。

次章で紹介する腹筋を割るトレーニングでも、腹筋とともにコアのさまざまなパーツを鍛えていくことができるから、参考にしてほしい。

ファンクショナル・テストで体の使い方をチェック

ファンクショナル・テストのそれぞれのやり方と、見るべき点は以下のとおりだ。人にチェックしてもらったり、鏡を見ながらやってみよう。

また、テストで思うように体を使えなかった場合は、各テストの改善トレーニングを紹介するので、ぜひ行なってほしい。

①ショルダー・モビリティ（肩関節の柔軟性・可動性）

右手を上、左手を下から背中側に曲げて、手をつなげるかどうかで肩甲骨など肩関節の柔軟性、可動性をチェックでき、左右差も歴然。届かない場合は、手を拳にして（グーにして）あとどれくらい距離があるかを見る。手の平の長さの1.5倍以内であれば、許容範囲。

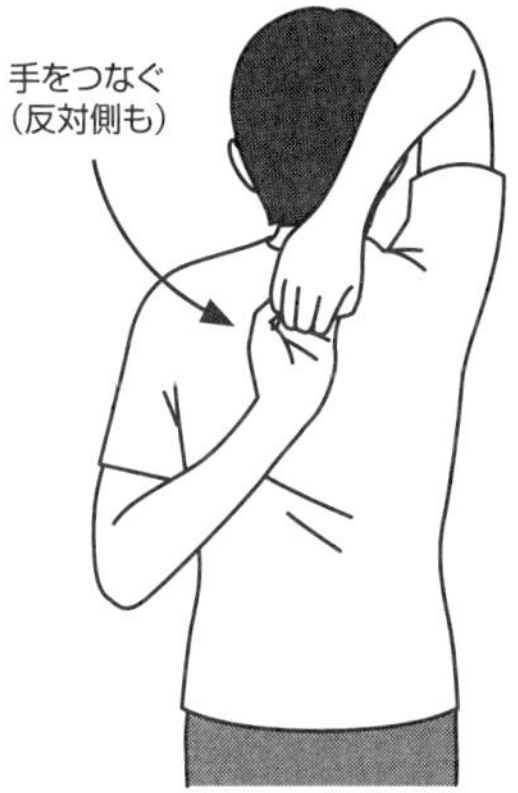

〈ショルダー・モビリティの改善トレーニング〉

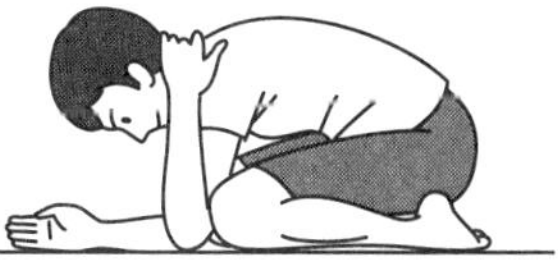

①床に両脚の膝から下と右腕のひじから先をついた姿勢で、右手の平は内側（左側）を向くように手の平を立てる。左手は後頭部に軽く置く。

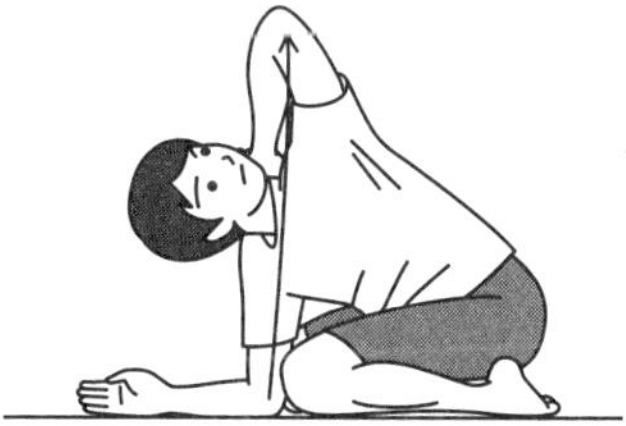

②左のひじを天井方向に高く上げるようにして胸を開く→肩甲骨が寄る。視線もひじの方向に。反対側も同様に行なう。

②オーバーヘッドスクワット（尻、膝、脚関節、コアの安定性）

脚を肩幅に開いて立ち、両手を上に上げたバンザイの姿勢から、尻を後ろに引きながら膝が90度になるまで曲げてゆっくりと腰を下げ、ゆっくり立ち上がる。股関節や脚の関節が固いと腰を低く下げられず、腹筋・背筋など体幹の安定性が低いと、グラついたり上体を真っすぐ保てず腕や上体が前傾する。数回やってみよう。

〈足首・ふくらはぎの柔軟性を上げるトレーニング〉

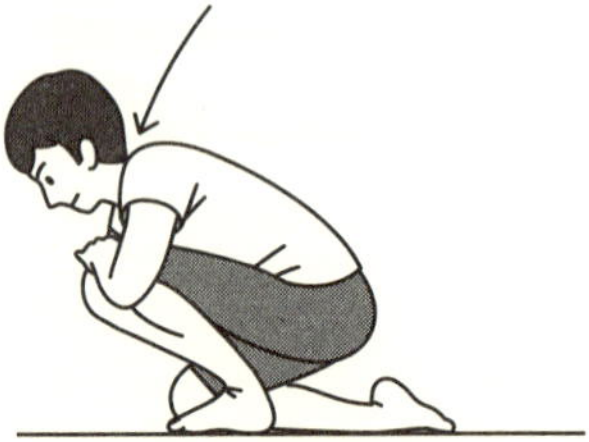

②胸を左脚に乗せるようにして体重を左脚だけにかける。→左のふくらはぎが伸びる。反対側も同様に行なう。

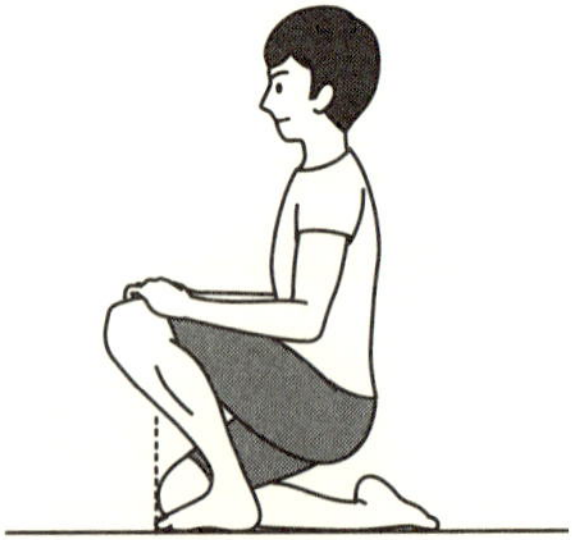

①右脚は膝下前面を床につけて、左脚は膝を立てた状態にする。右膝と左のつま先のラインを揃える。

③トランク・スタビリティ・プッシュアップ（コアの安定性）

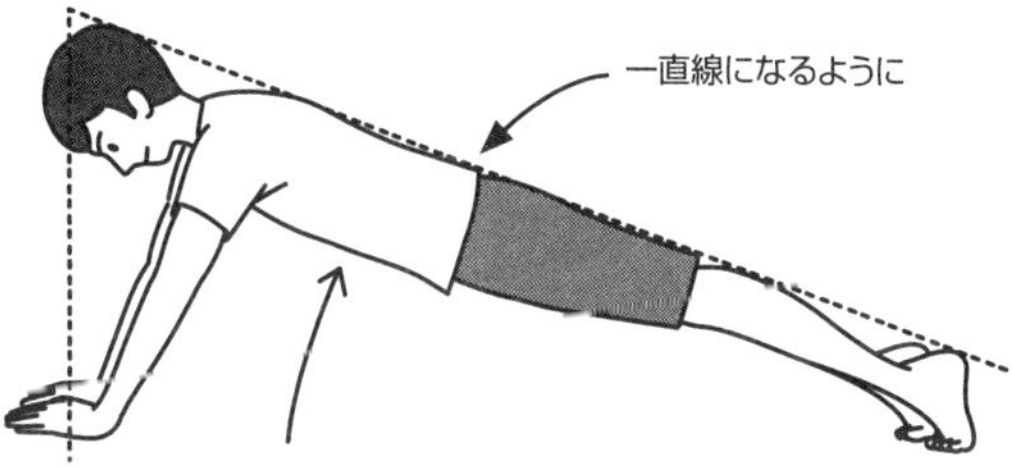

うつ伏せでおでこの位置に手をついて腕立てのように体を持ち上げる。手を遠くにつくため体重を支える体幹への負荷が高くなる。腹筋が抜けて腹が落ち反り腰になっていないか、体幹を使わずに腕で支えて尻が上がっていないかなどをチェック。

〈体幹の安定性を上げるトレーニング（フロントキープ）〉

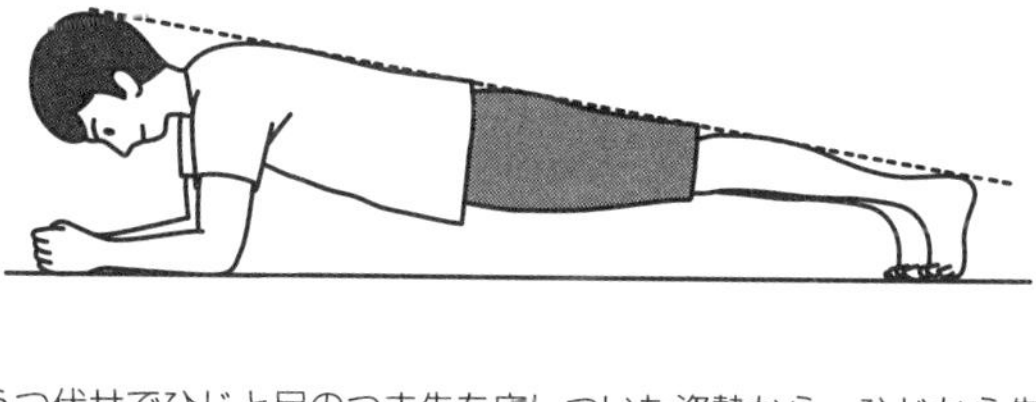

①うつ伏せでひじと足のつま先を床についた姿勢から、ひじから先で支えて体を上に持ち上げる。
②そのまま30秒キープ。肩から足首まで一直線になるように。→腹筋・背筋・尻など体幹を強化。

④ワンレッグ・ブリッジ（骨盤の安定性・股関節の可動性）

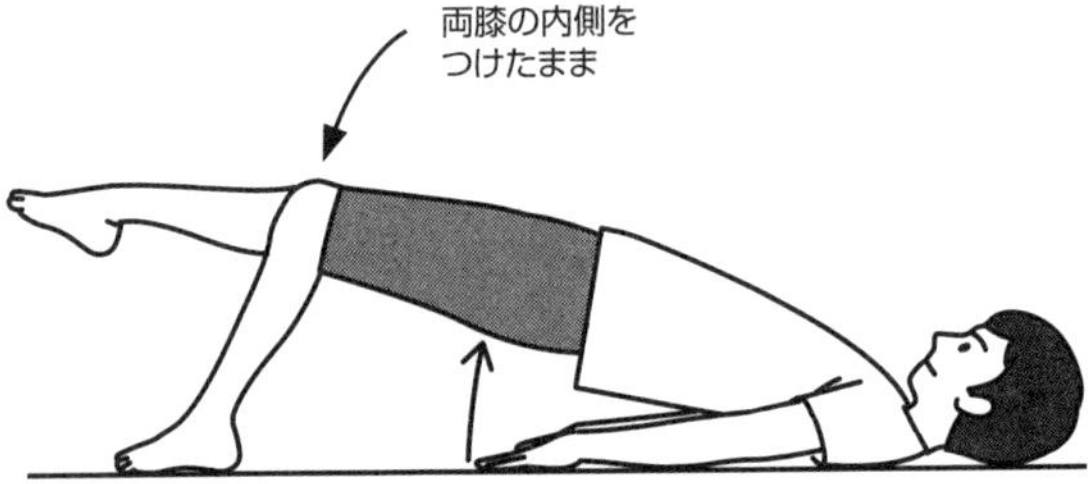

仰向けに寝て両手を手の平を下にして床につける。膝を軽く曲げ、骨盤を真っすぐ立てて尻を持ち上げる。両膝の内側をつけたまま、片脚を伸ばして30秒キープ。反対側も同様に行なう。

〈尻の強化のトレーニング（ヒップリフト）〉

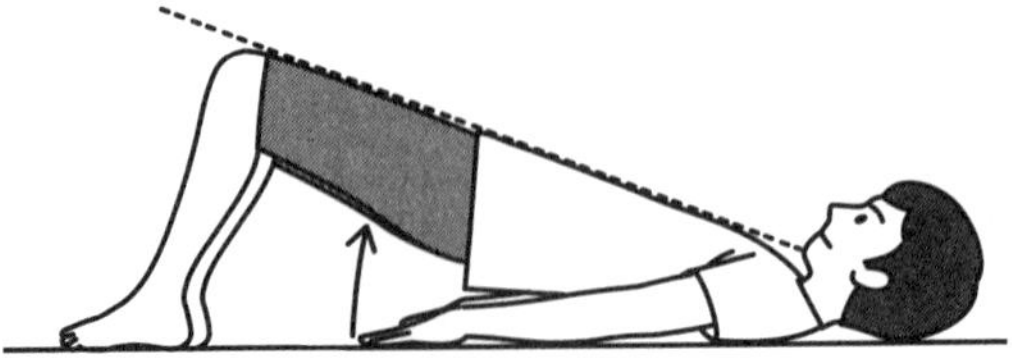

①仰向けになり、両手を床に（体の両脇に）置き、脚は肩幅に広げて膝を90度に曲げて立てる。
②尻に力を入れて腰を持ち上げ、30秒キープ。肩から膝が一直線になるように。→腹筋と背筋の拮抗＋臀筋を強化。

⑤ワンレッグ・バランス（尻、膝、脚関節の安定性）

片脚で立ち、姿勢を真っすぐ保つ。両手で傘などを持って行なうと安定性がわかりやすい。

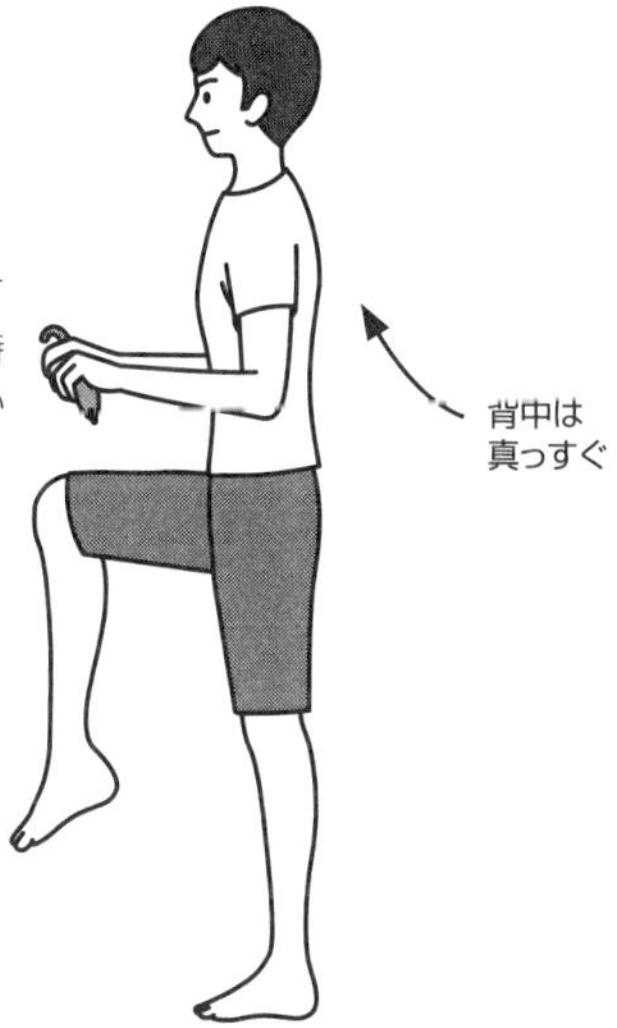

〈中臀筋を強化してバランス力を向上させるトレーニング〉

①腰から下を床について横向きになり、片手のひじから先で上半身を支える。

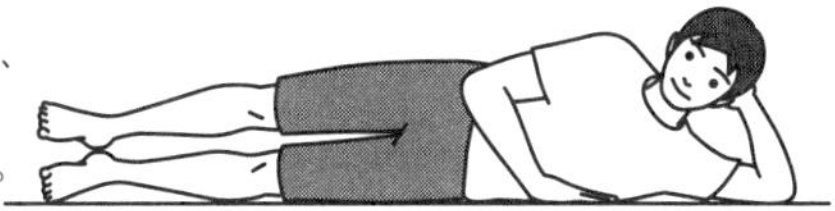

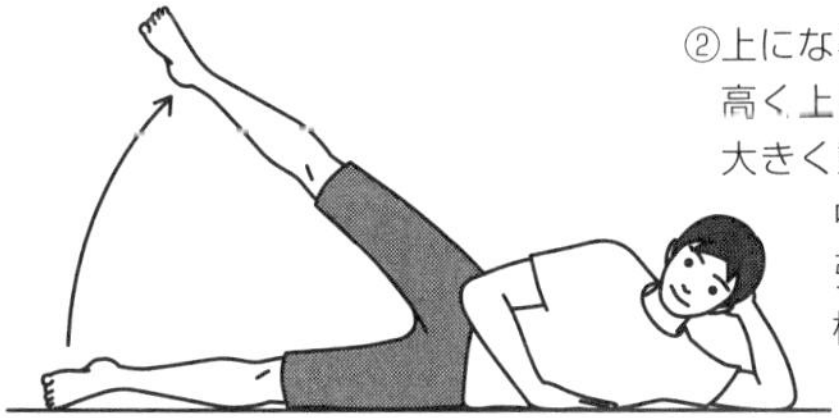

②上になる方の脚を真上に高く上げる。股関節から大きく動かすように。→中臀筋が伸びる＆強化。反対側も同様に行なう。

⑥ハムストリング・レイズ（腿裏の柔軟性）

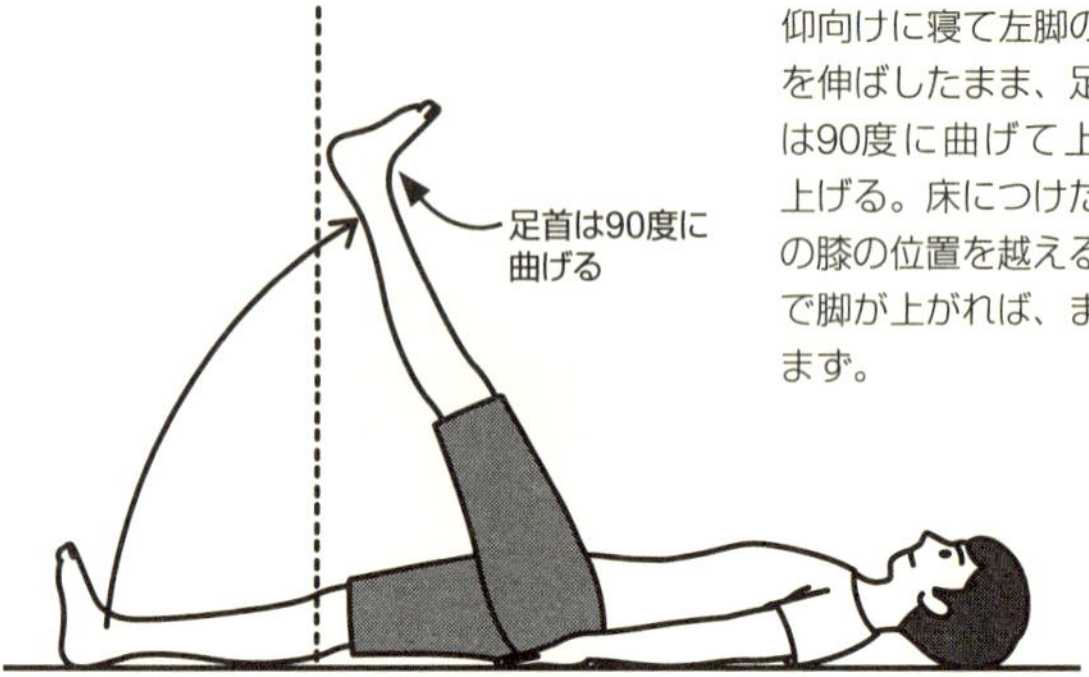

仰向けに寝て左脚の膝を伸ばしたまま、足首は90度に曲げて上に上げる。床につけた方の膝の位置を越えるまで脚が上がれば、まずまず。

〈腿の裏側をやわらかくするトレーニング〉

①上の姿勢（テスト⑥の姿勢）で、左膝を曲げて両手で抱えるようにして胸の方に引き寄せる。

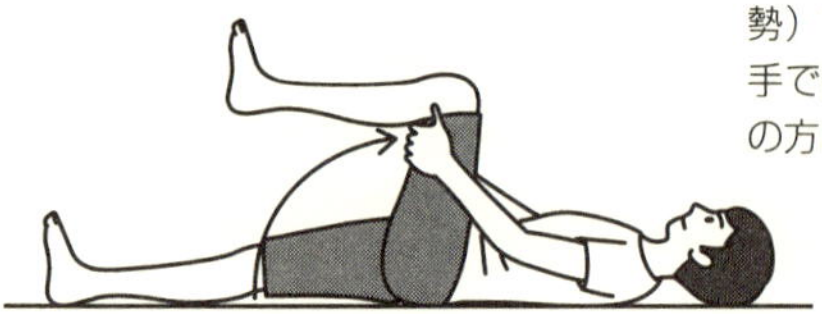

② ①の状態から天井に向かって脚を上げる（左の腿裏が伸びる）。反対側も同様に行なう。

6項目すべてができなくても、気にすることはない。体がやわらかく①や⑥は得意という人でも、体幹のバランス力や安定性に欠けていれば③や④でグラついて姿勢が保てなかったりするし、筋力が乏しければ②の回数がこなせなかったりする。

ファンクショナル・ムーブメント・スクリーニングとも呼ばれるこのテストは、国内外の複数のスポーツチームや著名なトレーニング施設などでも採用されているのだが、たとえばサッカーのドイツ代表チームの選手でさえ、すべてが完璧な満点の選手はたった一人だったという。

EXILEをはじめとするプロのパフォーマー、アーティストたちも、難なくできるものもあれば、できないもの、トレーニングを続けてもなかなか改善しないものもある。ちなみに私自身、①は不得意だ。

できない＝ダメではなく、動かし方のクセや得手不得手の傾向など、自分の体を知り、必要なトレーニングを取り入れながら、正しく動ける体になるための機能改善・向上に活かしていこう。

第4章 「使える」体をつくりながら腹筋を割る
――実践編

基本となる正しい姿勢をマスターする

日常生活のどんな場面においても腹筋を使える体になるためには、姿勢が重要だ。常に腹を凹ませたドローインの状態を保つことが基本だが、闇雲に腹を引っ込めればいいというものではなく、「コアを使える姿勢」であることが欠かせない。

たとえば、腹を凹ませると背中が丸まってしまう人は、背骨や背筋をうまく使えていない可能性が高い。腹直筋を中心とした腹筋群は、上体を丸めさせる働きを担っているから、力を入れれば屈曲して腹が凹む。それに引っ張られて背中が丸まり、猫背になってしまうのだ。そうした人は、背中側の筋肉を鍛えて、前後どちらもバランスよく使えるようにする必要がある。

反対に、腹を凹ますと尻が後ろに突き出る反り腰になってしまう人は、肩や尻の筋力が低下しているタイプだ。姿勢をよくしようとして背筋を伸ばすと、無意識のうちに胸を張りすぎてしまい、腰が反る。この場合は、胸を張ることよりも「肩甲骨を開いて下げる」ことを意識する。胸を突き出さないよう注意しながら、左右の肩甲骨を背骨の中心にグッと寄せる感覚で後ろに引き、力んで怒り肩にならないよう、後ろに引いたまま肩甲骨を下に下げる。

うまく動かせない人は、手の平を外側に向けて、両腕を大きく後ろに回してみるといい。肩関節を大きく後転させて腿の真横より少し後方に手の甲がつくように腕を下ろし、そのまま手首だけを内向きに戻した状態が、正しい肩の位置だ。

反り腰でのドローインは、クセになると腰を痛める危険がある。腰が疲れやすいという人は、背筋と肩を正しい位置にセットしたら、尻の穴を締めるようにするといいだろう。骨盤の前傾が解消されるとともに、下腹にも力を入れやすい。

この、尻の穴を締めた状態は、座り姿勢でも習慣にしてほしい。尻をべたっと座布団代わりにしてしまう座り方を防げるほか、腹筋だけを意識して凹ませるより、長時間、負担なく正しい姿勢をキープできるはずだ。

壁を使って姿勢をチェック

コアを使える姿勢のつくり方は、壁を使って立ってみるとわかりやすい。両足のかかとを壁にぴったりつけて立ち、後頭部、背中（肩甲骨）、尻が壁についた状態で、腹を凹ませるのが正しい姿勢だ。

　腹を凹ませるときは、胸が突き出て肩甲骨が壁から離れたり、腰が反らないよう注意しながら、下腹で壁を押すように大きく力を入れていく。すると、背中や尻にも自然に力が入り、腹筋にはコアのさまざまな部位が関わっていることが実感できるだろう。

　街中でも、ビルのガラスなどに映る姿をさりげなくチェックして、

□ 正しい姿勢のチェック方法

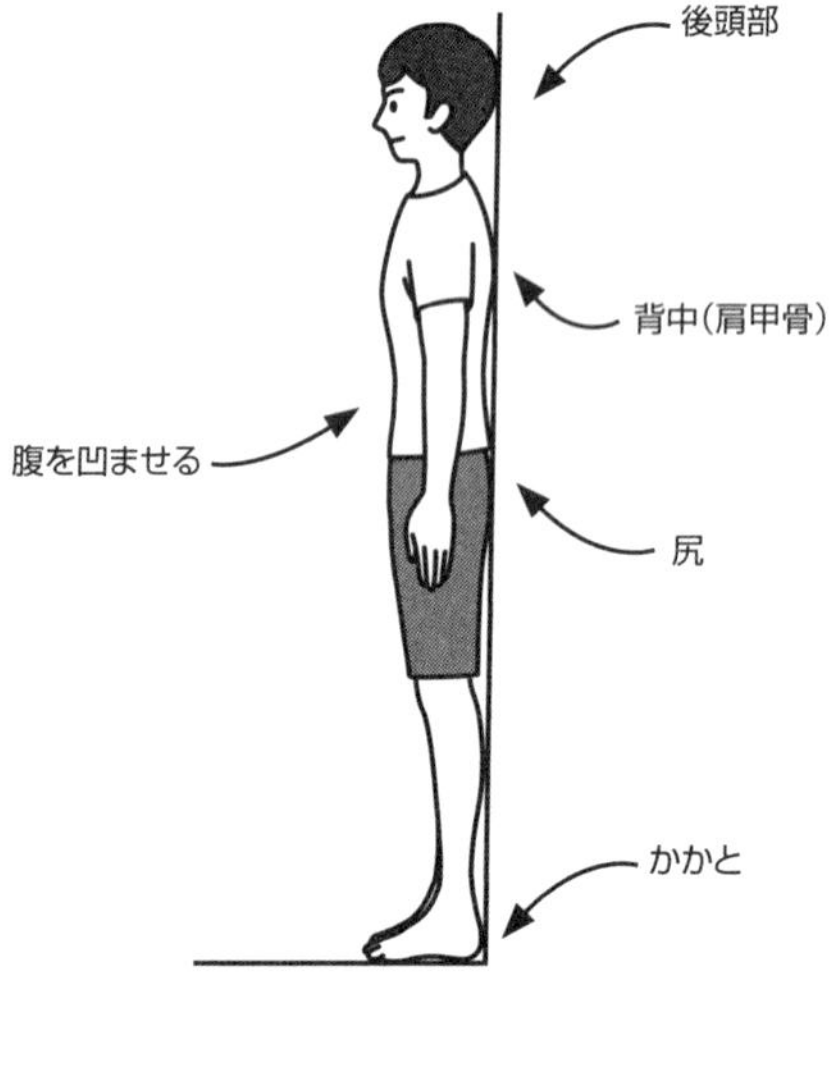

常に正しい姿勢を保つようにしたい。

腹筋を割るトレーニング

正しい姿勢をモノにしたら、いよいよ腹筋を割るためのトレーニングだ。

これまで述べてきたように、ファンクショナルに体を使えていれば腹筋は必ず割れる。具体的には、背骨とそこについている脊柱起立筋、肩の僧帽筋、背中の広背筋が十分に機能して柔軟性があり、腹筋が完全収縮できるかということだ。

本書では、腹直筋、脇腹を覆う腹斜筋、深部にある腹横筋、腸腰筋など、腹部に広くアプローチでき、上述の体幹背面も同時に鍛えられるプログラムを構成した。腹太りのタイプにかかわらず有効な種目を揃え、自宅で器具を使わずに行なえる続けやすいものになっている。ぜひとも日々の習慣にしてほしい。

ポイントは、動作の最中は常にドローインを保ち、腹筋が抜けて背中が反ってしまわないようにすることと、尻の筋肉も引き締めること。

鼻で吸って口から吐く自然な腹式呼吸で、上体を起こすときや、ゆっくり倒すとき、脚を引き上げるときなど、力を入れるときに息を吐く。力んで呼吸を止めてしまわないようにしよう。

腹筋を使いながら背中の柔軟性も高めるストレッチは毎日、トレーニングAとBは各々1日おきになるよう交互に行なうといい。

□ドローインの方法

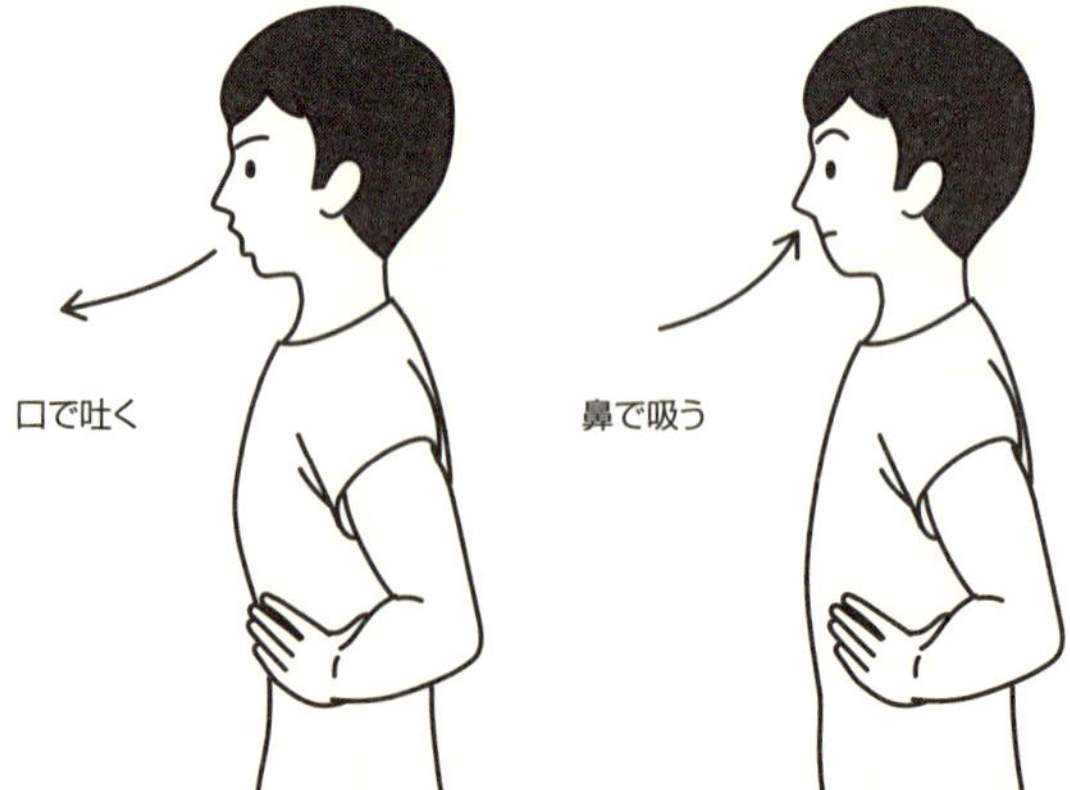

◆毎日のストレッチ

＊背骨をやわらかくして、収縮できる腹筋をつくる。

□ ドッグ＆キャット（5秒×6回）

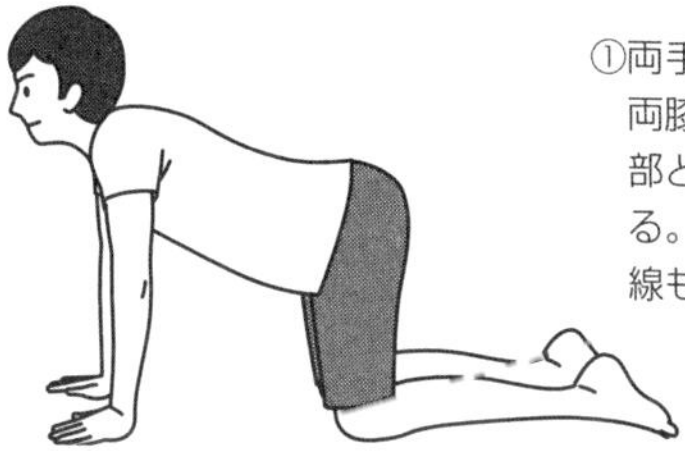

①両手を肩幅に開いて床につけ、両膝は骨盤の広さに開いて、腹部と直角になるように床につける。顔は上げて正面を向き、視線も前方に。

②頭を腕の間に入れ、腹に力を入れてへそを見ながら上半身を丸める。天井から引っ張られているイメージで背中を引き上げる。

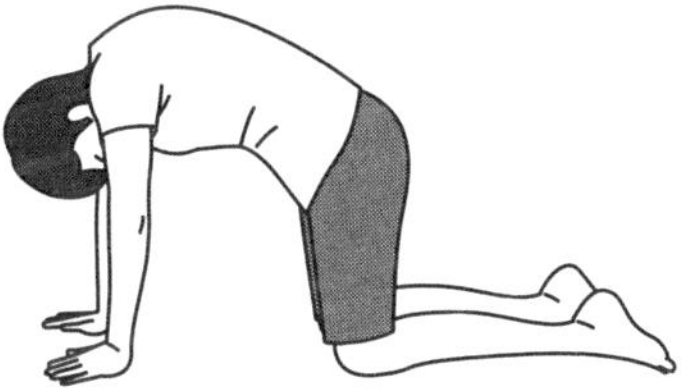

□ ダルマ

①仰向けに寝て膝を曲げて足首を組み、両膝を腕で抱える。

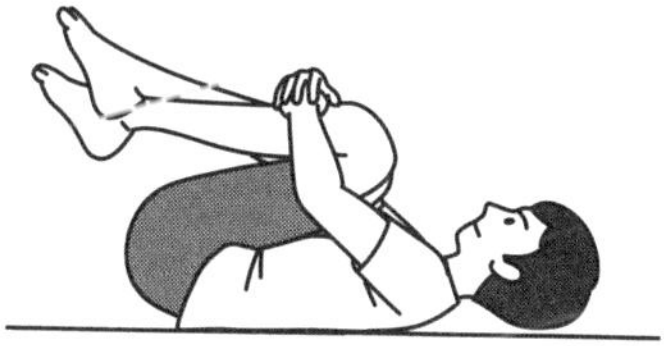

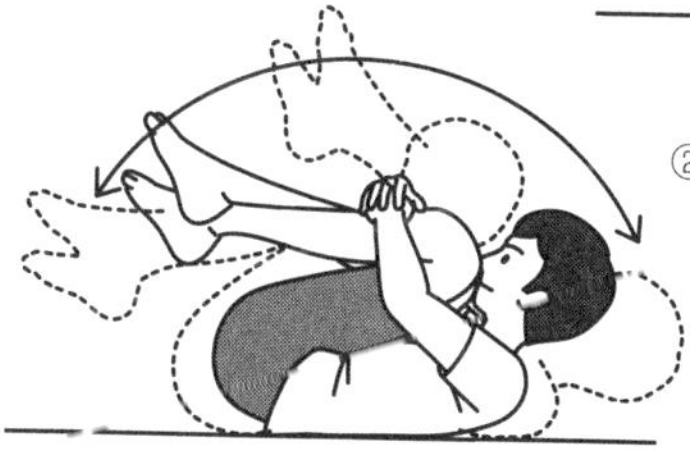

②腹に力を入れてへそを見ながら上半身を丸め、前後に転がる。背骨がひとつずつ床につくようなイメージで、腹筋に力を入れたままゆっくり行なう。

◆トレーニングA（1日おき）

□ クランチ（20回からスタート→50回以上を目標に）

＊腹直筋を中心に腹筋群の上部を鍛えるトレーニング。

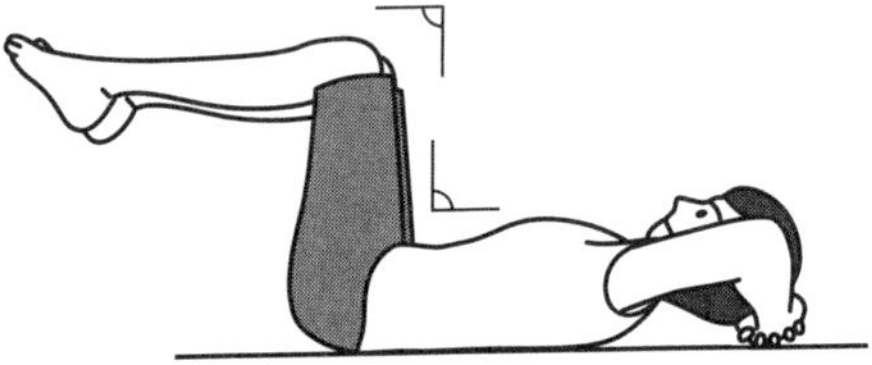

①仰向けに寝て、膝を90度に曲げて
持ち上げ、両手は頭の後ろで組む。

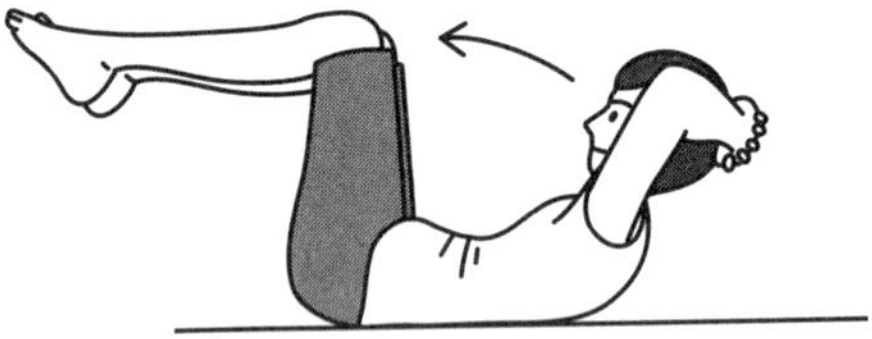

②腹筋に力を入れ、へそを見て
上体を丸めながら起こす。

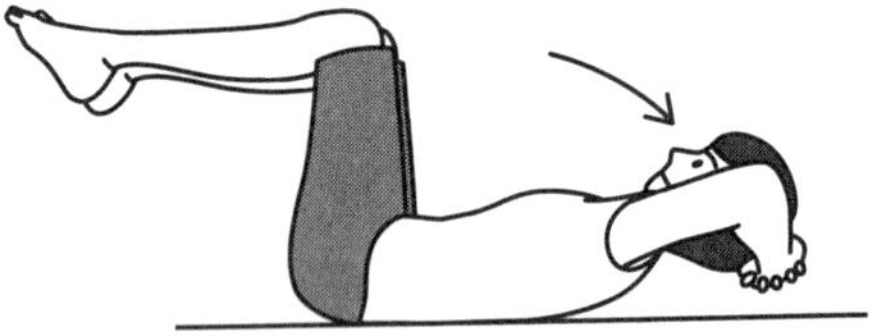

③腹筋に力を入れたまま、肩が床につくギリギリの
ところまで上体を倒していく。②と③を繰り返す。

□ ツイストクランチ（20回からスタート→50回以上を目標に）

＊ひねりを加えて腹筋のサイドにシャープなカットを入れるトレーニング。

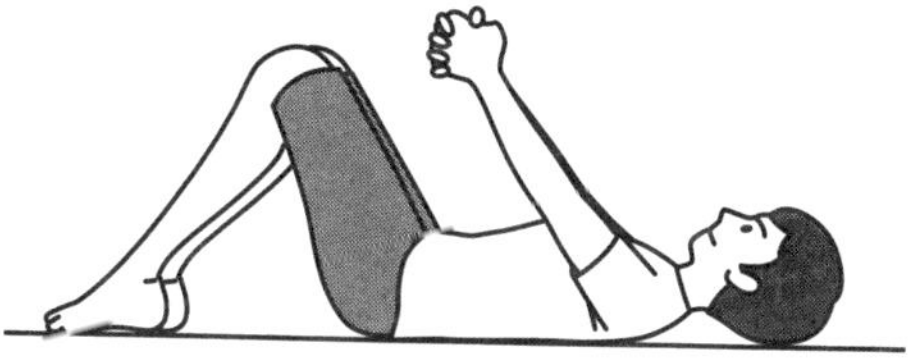

①仰向けに寝て、膝を90度に曲げて立て、
両手を組んで腕を前方に伸ばす。

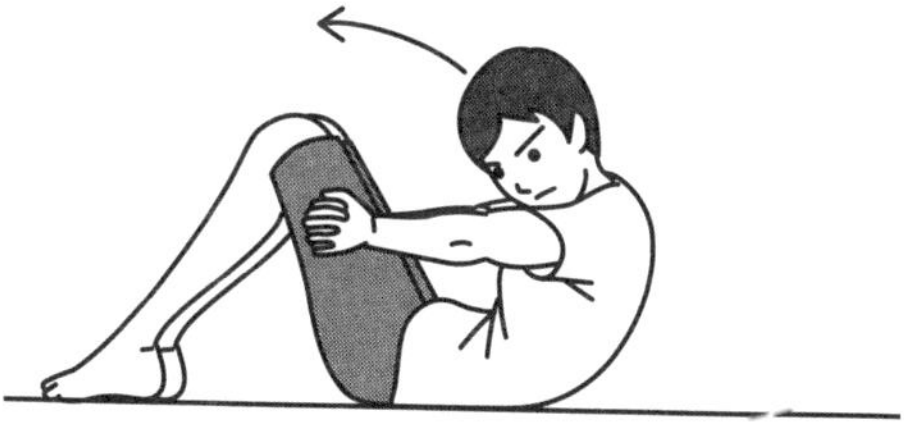

②腹筋に力を入れ、へそを見て上体を丸め
ながら斜め左方向に起こす。

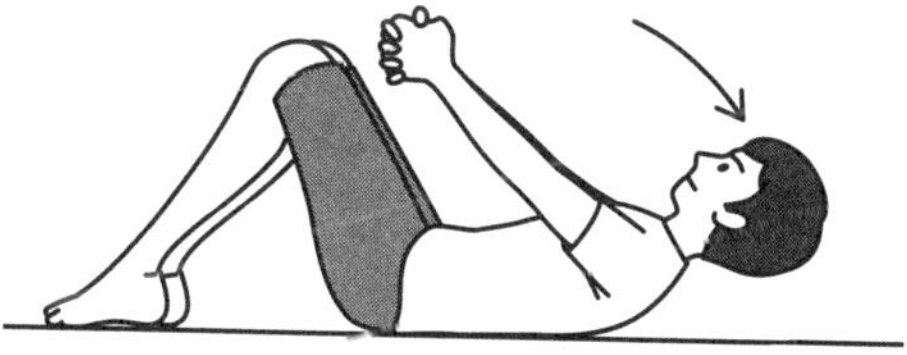

③腹筋に力を入れたまま、肩が床につくギリギリのところまで上体を倒していく。左右交互に②と③を繰り返す。

□ レッグレイズ（20回からスタート→50回以上を目標に）

＊腹筋群の下部と深部の腸腰筋を絞って鍛えるトレーニング。

①仰向けに寝て、ひじを床について起き上がり、へそを見ながら両膝を胸につけるように背中を丸める。

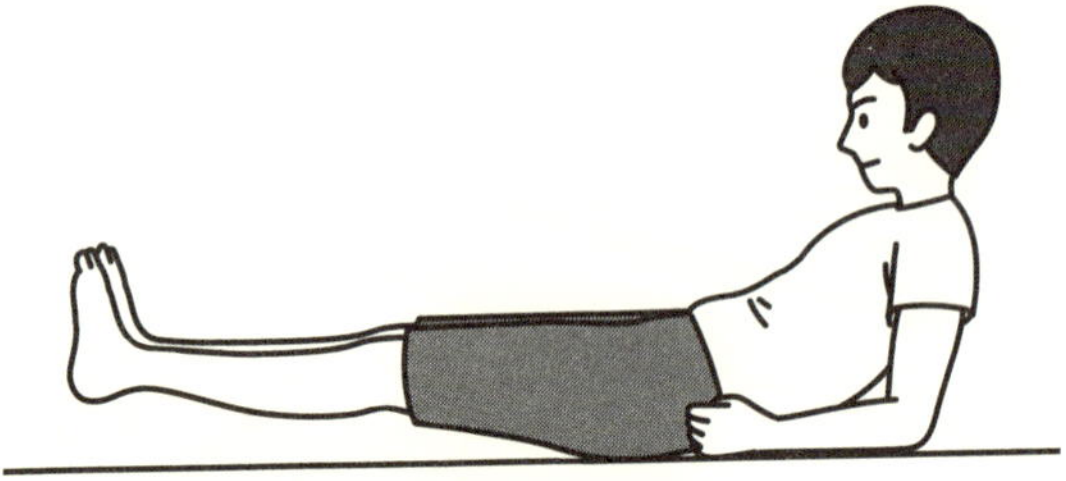

②目線はへそに据え、背中を丸めたまま、足を床につけないように膝を伸ばす。

◆トレーニングB(1日おき)

□ スロークランチ(5回からスタート→20回以上を目標に)

*クランチの上級編。負荷をかけて腹筋を屈曲させる。

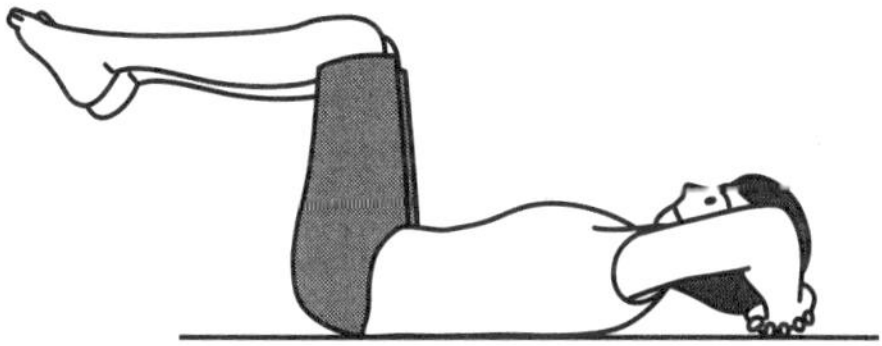

①仰向けに寝て、膝を90度に曲げて持ち上げ、両手は頭の後ろで組む。

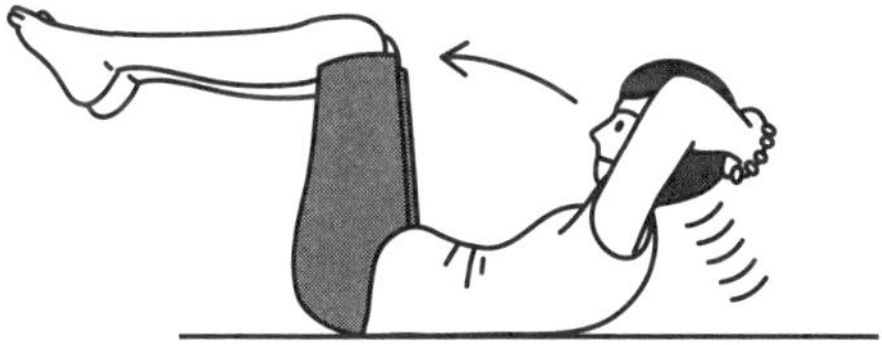

②腹筋に力を入れ、へそを見て上体を丸めながら、5〜10秒かけてゆっくり上体を起こす。できるだけゆっくり時間をかけながら。

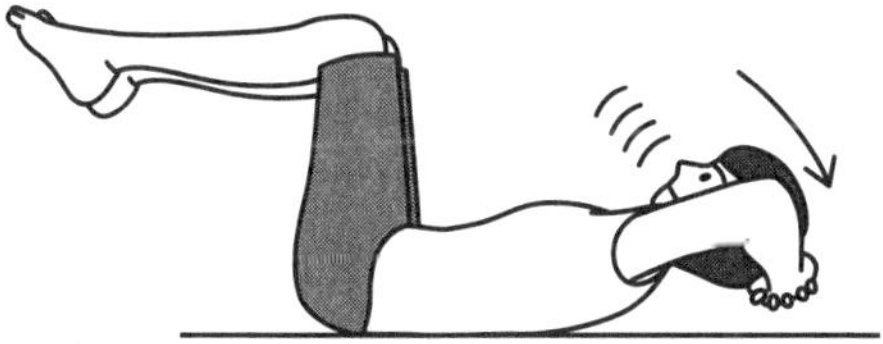

③腹筋に力を入れたまま、肩が床につくギリギリのところまで5〜10秒かけてゆっくり上体を倒していく。②と③を繰り返す。背骨を一つひとつ動かすイメージで、フォームが崩れる限界まで行なう。

□ スローツイストクランチ（5回からスタート→20回以上を目標に）

＊ツイストクランチの上級編。負荷を上げて脇腹を絞る。

①仰向けに寝て、膝を90度に曲げて立て、両手を組んで腕を真っすぐ前に伸ばす。

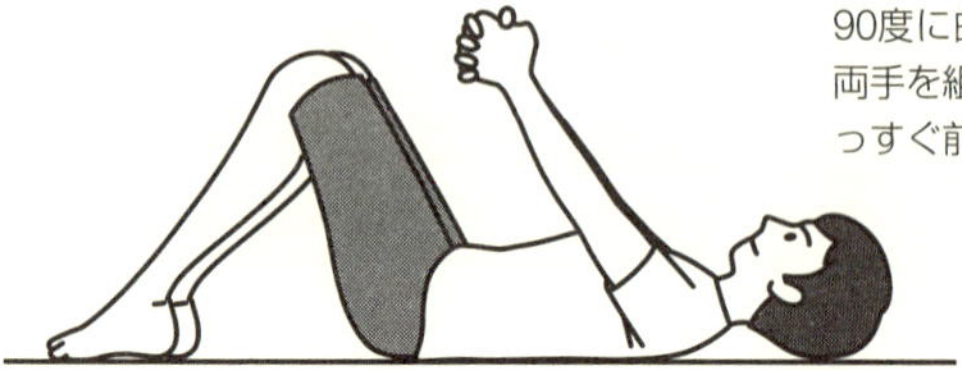

②腹筋に力を入れてへそを見ながら、5〜10秒かけて斜め左方向に上体を起こす。

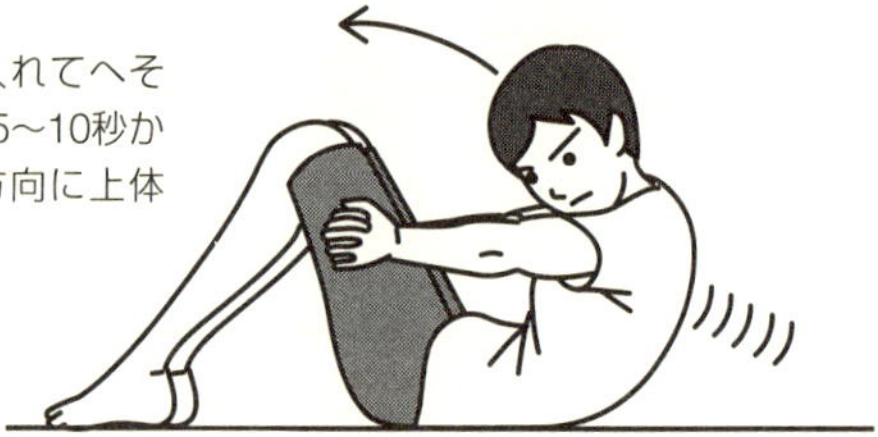

③腹筋を抜かずに、背骨を一つひとつ伸ばすように5〜10秒かけて上体を倒す。ツイストクランチと同様に、左右交互に。

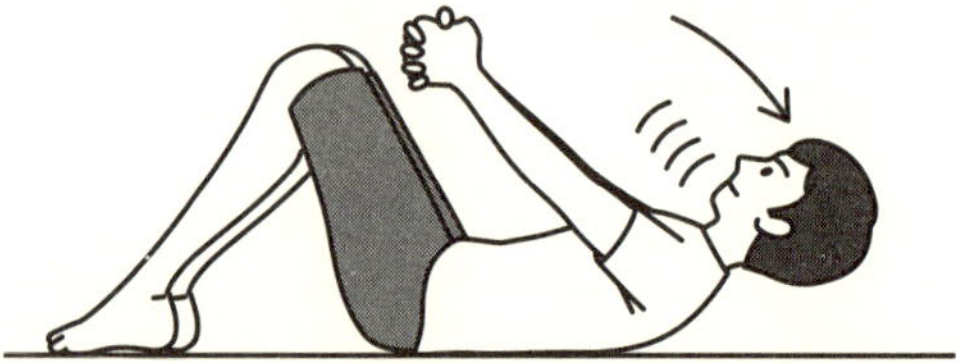

□ ペルビスレイズ（20回からスタート→50回以上を目標に）

＊脚と骨盤（ペルビス）を持ち上げて下腹を強化するトレーニング。

①仰向けに寝て、手の平を下に向けて床にぴったりつけた状態から、膝を伸ばしたまま両脚を90度近くまで持ち上げる。

②そのまま下腹の力で腰を持ち上げ、背中の真ん中あたりまで浮かせる。足首は90度に曲げて、足の裏が天井を向くように。反動をつけずに腹筋の力のみで行なう。

日常生活でできるストレッチ

コアを使って動ける体になれば、日常動作も正しい動きで行なえるようになる。同時に、隙間時間にできるストレッチをしたり、生活リズムに新たな習慣を取り入れるなど、心がけ次第で日常生活の中でもコアを鍛えることができる。

◆デスクワークの人の心がけ

たとえば、デスクワーク中心の人は、1時間仕事をしたら必ず5分歩くようにする。デスクを離れてほかのフロアに行く、社屋から出て外の空気を吸いに行くなど、一息つきがてら、座りっぱなしだった体を伸ばして全身を動かしてくる。用事がなくても「習慣化する」ことが大事だ。

また、長時間パソコンを使っていると猫背になりがちだが、これはキーボードに向かって腕と一緒に肩が前に出てしまい、肩甲骨が開いたままになっている状態だ。背中が丸まると頸椎《けいつい》も前傾して頭の重みを支えられず、過剰な負荷がかかって肩や背中が凝る。長時間同じ姿勢でいると、肩関節や肩甲骨まわりの筋肉が凝り固まってしまい、可動性とともに柔軟性も悪くなるため、さらに肩が凝る悪循環も招く。

海外の企業では、姿勢の悪化を防ぐためにパソコンはハイテーブル（デスク）やスタンドで立って使わせるところもあるようだ。座り作業の場合は、両腕をW形に開くストレッチを行ない、肩甲骨をほぐしてやろう。背中を反らして肩甲骨を寄せ、胸を張って大きく伸びをしたり、両手を高く上げるのがよい。この場合も、腕ではなく肩から上げる「肩バンザイ」にして、コアの肩甲骨から動かすことを意識する。

また、弛緩《しかん》しきった尻の肉を座布団代わりに長時間座っていると、臀部の筋肉も凝ってくる。この場合は、片方の膝に反対の足首を乗せて組み、上半身を前かがみにして前方に体重をかけるストレッチを。左右30秒ずつ行ない、尻の筋肉をよく伸ばす。

もちろん、椅子の高さやパソコンの位置も重要だ。道具に体を合わせて不自然な姿勢で使うのではなく、体を正しく使える位置に道具を置くようにする。

◆立ち仕事の人の心がけ

立ち仕事が多い人は、まず立ち方のバランスを意識する。無意識の立ち姿勢では必ずといっていいほど重心が左右どちらかに傾いていて、使う筋肉も偏ってしまう。左右50：50のバランスで長時間立っているのは意外と疲れるのだが、気づいたときには半々に正すようにする。「均等に立つ時間」を1日の中で増やすようにしよう。

また、長時間の立ち姿勢ではふくらはぎの特に外側に負荷がかかりやすく、疲労しやすい。すると、この部分の外側腓腹筋《ひふくきん》が強ばって短縮してしまい、ますます疲れやすくなる。叩いたりほぐしたりして、弾力を取り戻すようにしよう。さらに、立ったままではほとんど動かさない足首から先も意識的に動かそう。この部分のポンプ機能が停滞すると、血流が滞り、冷えやむくみのもとになったり、脂肪が蓄積されやすくなるため、脚が太くなる。足首を回す、かかとを上げ下げするなど、簡単な動作をこまめに行なうようにしよう。

第5章
腹筋を割る生活習慣

腹を割る生活へのシフトは意識改革から

第2章で述べたとおり、筋肉を鍛えて強く大きく成長させるには、「トレーニング」のほかに「休養」「栄養」が不可欠だ。睡眠の量と時間帯、食事の内容や回数など、トレーニングの効果は生活リズムに大きく左右される。

それぞれを最適な時間帯に行なおうとすれば、不規則な生活では成り立たないこともあり、規則正しい生活を心がけることが大切だ。

トレーニングも、日によって異なる時間帯にするより、朝なら朝と毎回同じ方がいい。筋肉の修復にかかる48〜72時間のインターバルを目安にすればトレーニングの内容を組み立てやすく、ルーティンとして曜日・時間を定めてしまえば、「火曜と金曜の夜は会食の予定は入れない」「明日はトレーニングで残業できないから早めに出勤しよう」など、トレーニングありきの生活に変わってくる。

「時間があったらやろう」では、結局後回しになりがちだ。腹筋を割りたければ、自分の中でのトレーニングの地位を上げてやる。仕事やプライベートの予定と同等にとらえるくらいの意識改革も必要なのだ。

筋肉をつけるには睡眠も大事

トレーニングで傷ついた繊維の修復に使われる成長ホルモンは、夜の11時〜深夜2時に多く分泌されるといわれている。また、睡眠には浅い眠りのレム睡眠と深い眠りのノンレム睡眠があり、約90分の周期で訪れる。ノンレム睡眠の中でも、1回目と2回目の睡眠サイクルで最も深い眠りとなり、成長ホルモンはこの熟睡状態のときに多く分泌される。一方、レム睡眠の浅い眠りは、起きるタイミングに適している。ノンレム睡眠の深い眠りの途中では、脳が無理矢理起こされることになるため頭がすっきりせず、寝覚めが悪くなる。

つまり、筋肉を増やすための睡眠は、成長ホルモンの分泌が増える入眠から3時間までが重要。快適な目覚めも併せて考えると、日付が変わる前には眠りにつくのが理想的だ。睡眠時間の長さは、生活スタイルに合わせて、要の3時間＋1サイクル（計4・5時間）、＋2サイクル（計6時間）、＋3サイクル（計7・5時間）といった具合に調整するといいだろう。

眠れない人の傾向と対策

トレーニングの前にその日の体調をたずねると、「ゆうべはなかなか眠れなくて」と寝不足を訴えるクライアントは少なくない。そんなときは、横になっているだけでも体は休息できる。無理に寝ようとすると、かえって目が冴えたり、寝なければというストレスで気疲れしてしまう。

寝つけなかった理由をクライアントに聞いてみると、「最近いろいろと問題が……」「気になることがあって」など。悩みや心配ごとで眠れない日は、確かに誰にもあるものだ。

しかし、詳しく聞けば、あれこれ考えているようでいて、大もとの悩みのタネはせいぜいひとつか2つではないか？　と思うことも少なくない。

それを、何度も同じことを繰り返し考えてみたり、「あれも問題になるんじゃないか」「こっちもダメだったらどうしよう」などと、自ら進んで不安の連鎖をつくり出しているだけだったりもする。

まだ起きてもいないことに対して、いくら悶々としても問題は解決しない。悩みの大もとに冷静に目を向ければ、抜本的な解決策が見つかることもある。手に負えないと思えることでも、小さく嚙み砕いていけば「いまできること」は何かしらあるはずだ。

それを「やる」と決めてしっかり予定を立て、スケジュール帳に書き込む方が、眠れない夜もよほど有効に過ごせるというものだ。

焦点を明確にして嚙み砕き、できることをスケジューリングするというのは、悩みの解決ばかりでなく、トレーニングにも仕事にも共通する目標達成の王道だろう。

予定を立てるだけで、気分が晴れてあっさり寝られることもある。心配ごとで眠れないことが多い人は、試してみることをおすすめする。

食べたものを記録して自分の食生活を把握する

睡眠とともに欠かせないのが食事だ。体は、自分の食べたものでつくられている。太りすぎだと思うなら、それだけ食べている可能性があるということだ。

実際、摂取したエネルギーが消費したエネルギーより多ければ太り、少なければやせる。食事によるウエイトコントロールは、原則的にはこのシンプルなプラス・マイナスが基本だ。

では、果たして自分は食べすぎか？　と考えようとして、昨日の昼食すら思い出せない、といったことはないだろうか。食生活の改善には現状を知ることが大事だが、日々食べたものを逐一覚えている人はあまりいないだろう。

そこで、まずは自分の食生活を把握するために、何を、いつ、どれだけ食べたか、毎回の食事を記録してほしい。レコーディング・ダイエット用などのスマホのアプリは、カロリー計算ができたり、トレーニング内容から消費カロリーがわかるなど便利なものが揃っている。

ノートに書き出すだけでも十分だ。高カロリーな外食が多い、米や麺類に偏りがちだなど、3日も続ければ傾向が見えてくる。傾向をつかめれば、対策をとりやすい。

往々にして、現代人は食べすぎの傾向にある。文字や数字ではっきり見れば、現実を客観的に受け止められるはずである。

極端な食事制限はリバウンドを招く

厚生労働省が5年ごとに策定している「日本人の食事摂取基準」の最新版（2015年版）には、性別・年代別に日本人が1日に必要とするエネルギー量が示されている。それによると、30〜49歳の男性の1日の推定エネルギー必要量は2300〜3050キロカロリー。職業や運動習慣の有無など、日々の活動レベルによって必要なエネルギー量には差があるが、いずれにせよ、食事による摂取エネルギーがこれを大幅に上回っているなら食べる量を減らす必要がある。

ただし、摂取エネルギーが基礎代謝量を下回るまで食事を減らすのは危険だ。基礎代謝とは、何もしないで寝ている間にも消費されるエネルギーのことで、心臓や内臓、脳、筋肉の働きなどを支える、生きていくうえで最低限必要なもの。先ほどの厚労省の「日本人の食事摂取基準」によると、30〜49歳で体重68・5キロの男性なら、基礎代謝量は1530キロカロリーになるとされている。

摂取エネルギーがこれより不足してしまうと、体は生命活動を維持するために消費カロリーの多い脳や筋肉の活動を制限する。頭がぼーっとして思考が鈍ったり、だるくてやる気が出ないといったことが起きてくる。

筋肉の活動が低下すれば、基礎代謝量も下がって体が低燃費になり、備蓄のためにそれまで以上に脂肪をため込みやすくなる。

極端な食事制限にはリバウンドのリスクが伴い、体のためにも決してよくない。

健康を保ちながら食生活を改善するには、食事内容と回数、時間帯を工夫した方がいい。このあと詳しく述べていくが、意外にも大量に食べなくてはならず、空腹を感じているヒマはないかもしれない。

体重1キロあたり1・2グラムのたんぱく質を

体脂肪を減らして筋肉をつけたいなら、筋肉の材料となるたんぱく質を多く摂る必要がある。通常、成人の場合1日に必要なたんぱく質量は、体重1キロについて1・1〜1・2グラムだとされている（ハードなトレーニングを習慣化していて筋肉の活動量が多い人の場合、体重1キロあたり2グラム）。体重73キロだとすれば、1日に約80〜88

グラムとなる。

たんぱく質の豊富な食材には、鶏胸肉やささみ、卵などがある。中でも脂質の少ないささみのたんぱく質含有量は、100グラムあたり約24グラムだ。

先ほど、食事の内容とともに「回数、時間帯を工夫する」と言ったのは、1回あたりの食事の量を減らして、小分けにし、食事の回数を増やすということだ。

実際にそれをやるとしたら、1日3食好きに食べるいまの生活とは大きく変わる。それなりの覚悟や意志が必要になるが、逆にいえば、生活スタイルを変えないままで割れた腹筋を目指しても、限界はあるということだ。思い切って意識を変え、生活を刷新していこう。

たんぱく質の摂り方としては、30〜40代の男性だと1食20〜25グラムが目安なので、食材でたとえると卵2〜3個程度、肉だと100グラム、魚なら約2枚といったところだ。

外食時にも、野菜サラダより肉入りサラダを選ぶなど、これからはたんぱく質を意識してメニューを選ぶようにしよう。牛肉や豚肉は部位によって差があるが、100グラムあたり14～25パーセント程度のたんぱく質を含んでいる（ただし、鶏肉に比べて脂質も多いので脂身は摂らないようにする）。魚介類なら、まぐろの赤身、たい、ひらめ、ほたてやいかもおすすめだ。

それでも食事でカバーできない分は、プロテインで補おう。最近はドラッグストアやオンラインショップでもさまざまなプロテインが手に入る。

腹筋を割るなら糖質は控える

糖質（炭水化物）は、体内に取り込まれるとブドウ糖（グルコース）に変わり、エネルギー源として重要な役割を果たす栄養素だ。特に脳や神経系、赤血球、筋肉などの活動には唯一のエネルギー源になる。

プロレベルのアスリートや高強度のトレーニングを行なっている人なら、糖質は適度に摂る必要がある。糖質抜きの空腹でハードなトレーニングをすると、代わりのエネルギー源を得るために筋肉の分解が早まってしまう場合もあるからだ。

しかし、一般の人が減量や腹筋を割るために筋トレや食事制限を始めるなら、糖質は量を控えるか、一定期間は摂らない方がいい。糖質は、体内でブドウ糖に分解されると血液中に流れ出て血糖値（血液中のブドウ糖量）が一気に上がる。するとそれを下げるために膵臓からインスリンが分泌されるのだが、インスリンは、大量に分泌されると筋肥大に欠かせない成長ホルモンの分泌を妨げてしまうのだ。

また、体内で余ったブドウ糖は肝臓や筋肉にグリコーゲンとして蓄えられ、必要に応じて消費されるが、さらに余ると脂肪組織に運ばれて、体脂肪として蓄積されてしまう。特に、砂糖や果物に多く含まれる果糖は体内で脂肪に変わりやすいから要注意だ。糖質を摂るなら、果糖ではなく米やパン、パスタなど主食の原料となる穀類からデンプンで摂る方がいい。

1回あたり拳ひとつ分以内の大きさで、多くて1日に2回までなら摂ってもいいが、体を絞って腹筋を割りたければなるべく摂らない選択をしたい。糖質はわずかながらも野菜や豆、肉、卵などはとんどの食材に含まれており、主食をカットしても糖質をまったく摂らないことにはならない。脳のエネルギー源になるくらいはほかの食材からまかなえる。

1日6食、小分けにして食べる

たんぱく質を多く摂ることを考えると、やはり1度の食事量を減らして回数を増やす「分食スタイル」が望ましい。

これに対し、1度に満腹以上に食べてしまい、朝食抜きで食事回数は少ないのがドカ食いパターンだ。ノートやスマホに記録してみて初めて自覚する人もいるだろう。

ドカ食いタイプの人は「1日2食なら総カロリーは3食より少ないはずだ」と油断するのかもしれないが、食事回数が少ないと、空腹の時間が長くなるため一気に食べすぎになりがちだ。2食で1日の必要エネルギー量を超えてしまう可能性もある。

また、分食はインスリン糖質代謝の面でも理にかなっている。

食事をすると血液中のブドウ糖の量が増えて血糖値が上がるが、ドカ食いで血糖値が一気に急上昇すると、これを下げるためにインスリンが大量に分泌される。すると、インスリンには糖質吸収と脂肪の蓄積を促す働きがあることから、分泌量が増えれば糖質吸収の受け口が広がり、脂肪が蓄積されやすくなる。ドカ食いは肥満のもとなのだ。

一方、1度に食べる量が少なければ、インスリンの分泌が抑えられ、糖質の吸収も穏やかになるため脂肪は蓄積されにくい。

1日に食べる総量は同じでも、分食スタイルの方が太りにくいのだ。くれぐれも、ランチの丼ものや定食を完食するのはドカ食いの範疇《はんちゅう》と肝に銘じてほしい。肉や野菜のおかずは食べても、ライスは半分残すことだ。お店で注文するときは、「ご飯少なめでお願いします」のひと言を習慣にしたい。

私のおすすめの分食リズムは、1日6食。午前中に2食、そして昼食をはさんで午後から夜8時くらいまでの間に3食と、2〜3時間おきに食べる見当だ。

食べる量は、毎回同じくらいのたんぱく質×6回と、朝〜午後までに糖質を食べるようにするか、3度の食事は「腹六分目」に抑え、ゆで卵やプロテインなどを数回プラスしてたんぱく質を補うといい。

体を酸化から守り脂肪がたまるのを防ぐ

仕事でご一緒することの多いオーガスト・ハーゲスハイマーさんは、メディアでも活躍中のアンチエイジングの専門家だ。腹筋を割るための食生活について、トレーナーとして私がこれまで提供してきたノウハウと、彼の理論やハウツーをミックスしてバージョンアップしたところ、クライアントたちの体がみるみる変わってきた。

ポイントは次のようにして「体の酸化を防ぐ」ことだ。この章で述べてきたことと併せて、ぜひ取り入れてほしい。

①活性酸素から体を守る⇒抗酸化力の高い食材を摂る

活性酸素が増えると、体の「酸化」が進み、酸のダメージから守るために内臓に脂肪がつきやすくなる。活性酸素を抑えるためには抗酸化食材を多く摂る。生野菜や刺身、レアのビーフ、熱処理していないコールドプレスの油など、生あるいは生に近い自然食品を意識して摂るようにする。火を通したり加工すると抗酸化作用が失われるので、ゆで卵は固ゆでではなく半熟で。赤ワインもポリフェノールや食物繊維が豊富な抗酸化食材で、夜寝る3時間前までに2〜3杯なら飲んでもいい。糖質の多いビールと日本酒は避けること。

②皿の半分以上を緑の濃い葉野菜サラダにする

緑の濃い生の葉野菜は抗酸化物質も豊富に含んでいる。肉や魚、卵料理を食べるときは皿の半分以上を葉野菜中心のサラダにしてたっぷり食べるようにする。ベビーリーフ、水菜、ルッコラなどがおすすめだ。

③アルカリ性食品を摂り、水もpH値の高いアルカリ水を

体を酸化させないために、アルカリ性食品を摂ることを心がける。ここで言う酸性・アルカリ性とは体内で消化したあとの酸性度（pH値）によるもので、酸味のあるレモンも体に入るとアルカリ性食品となる。野菜では、とうもろこし、じゃがいもは酸性食品であり、糖質も多いので避けたい食品だが、それ以外のほとんどの野菜はアルカリ性食品だ。しかし、すべての食品は、火を通したり加工すると酸性食品になってしまうため、できるだけ生または生に近い状態で食べるといい。

水もpH値8・0以上のアルカリ水を飲むか、レモンをしぼってアルカリ性を高める。炭酸水は酸性食品なので飲みすぎないようにする。

・そのほかに摂りたいアルカリ性食品……海藻、アーモンド、くるみ、エクストラバージンオリーブオイルなど

・避けたい酸性食品……ハム、ソーセージ、砂糖、牛乳・乳製品、ドライフルーツ、アルコール、コーヒーなど。トランス脂肪酸を含むマーガリンやマヨネーズ、加工食品は特に避けたい

④良質な油を摂取する

油分を摂ったからといって太るわけではない。むしろ良質な油は細胞膜や粘膜の生成に不可欠。加工されていない油を加熱しないで摂るのがベストで、エクストラバージンオリーブオイルやひまわり油、ごま油などがいい。加熱調理に使うならバター、ラード、ココナッツオイル、パームオイルなど。

⑤週に1度のフリーデイには好きなものを食べる

週に1度、食べたいものを自由に食べていいフリーデイを設け、ストレスをためないようにする。

吉田式分食スタイルのひな形

私自身の食生活は以下のようなパターンが決まっていて、ここから大きく外れること

はない。

朝食……・ゆで卵（2個⇒たんぱく質約12・6グラム）
　・緑の濃い葉野菜＋トマトのサラダ（プレート半分）
昼食……・鶏胸肉（100グラム⇒たんぱく質約20グラム）
　または焼き魚（約2枚）
　・サラダ
間食……・ゆで卵（日中に3個⇒たんぱく質約18・9グラム）
　またはプロテインドリンク（1杯⇒たんぱく質20グラム）
夕食……・刺身など生のたんぱく質食材、または鶏胸肉、ラムの赤身のレアステーキなど。焼き魚なら約2枚。
　・葉野菜サラダ

週のうち6日は、ほとんどこのパターンでしか食べない。

それが自分にとって当たり前のルールになっているから、不満もストレスもない。むしろ、ここまでパターン化した同じものを食べていると、それが変わったときに体がどうなるか如実にわかる。

実際に、家族の都合で1週間ほど食事内容が変わるだけで、筋肉のハリ具合などにたちまち影響するのだが、ではそれをもとに戻そうというときに、何を食べて何を減らせばいいのかすぐわかる。調整がしやすいのだ。

ただ、もしこれが「ランチタイムが日々の楽しみ」といった人だと、事情は変わるかもしれないが、その場合は昼食は好きなものを食べ、夕食を節制するなど融通は利く。私の場合は、日中の食事は体をつくり、維持し、そしてエネルギー源になればいい。ランチを楽しんでも午後はまた仕事なのだから、昼の食事はさっと済ませて重きを置かず、集中して仕事をする。食の楽しみはフリーデイにとっておく。

フリーデイは、食べたいものを食べる。会食の機会もあれば、酒も飲む。毎日食べるものを気にして節制し、ストイックに貫くのでは長続きしない。

要するに、自分に飴とムチを与えているわけだが、おかげで1週間の中にメリハリがついている。この食生活に週3回のトレーニングで、身長174センチ、体重66〜67キロ、体脂肪率12〜13パーセントを維持している。

吉田式分食スタイルで成功者を続々輩出

私の例は職業柄の特殊ケースに見えるかもしれないが、脂肪を落としてやせながら筋肉をつけたいのなら、これくらいやると効果が出やすい。

このスタイルを実践して、グングン絞れているクライアントも大勢いる。

皆、フリーデイには好きなように飲んだり食べたりしているが、その分、ほかの日の食事とトレーニングできっちり帳尻を合わせている。たとえばトレーニングは私のジムで週1回、家の近くの公共施設で2回、計3回のペースにするなど。やはり自分への飴とムチをうまく使い分け、好きなものを飲み食いすることもできているからストレスもないという。

「1日中食べているようだ」

「毎日けっこうな量を食べることになり、驚いた」

といった声も聞かれる。ダイエットや食事制限＝空腹感とのつらい戦いだと思っていた人には、意外な朗報になるかもしれない。

第6章

腹筋を割る思考習慣

目的を明確にする

腹筋を割るためのトレーニング（運動）のメニューが決まり、栄養（食事）・休養（睡眠）など生活習慣として取り組むべきこともわかった。筋トレに重要な3大要素が揃ったわけだが、最後に欠かせないのが、本人のやる気や意志、ものごとのとらえ方・考え方といったことである。

腹筋が割れる人の思考習慣とはどのようなものか？

腹筋が割れている人は、仕事ができる。仕事ができる人に共通な特長として、まず「目的が明確だ」ということがあった。

実際に、最初は「モテたい」「かっこよく見せたい」などと言っていた人も、次第に目的意識が変わってくることがある。体のキレがよくなると頭も冴えてくることを実感するにつれ、「もっと直感力を高めて、仕事に役立てたい」といった新たな目的意識が芽生えるのだ。

トレーニングを始める段階においても、（多くのトレーナーがそうだと思うが）私は初めてジムに来る人たちには、筋トレをやろうと思った理由や目的を詳しく聞くようにしている。

「とにかくやせたい」とか「このままではまずいので何とかしたい」といった漠然とした動機でジムに来た人も、話を聞き、引き出してみればいろいろと具体的な言葉が出てくる。

たとえば「太ってしまって困っていること、イヤだなと思うこと」を聞いてみて、

「う〜ん、デニムがきつくてはけなくなっちゃって」ということであれば、

「そのデニムがまたはけて、こんなシャツを着てこんな装いができたら、かっこよくないですか？」

こんなふうに振ってみると、

「いいねえ、そういうファッションしたいねえ！」。相手の目も輝いてくる。

またあるときは、「お子さんと思いっきりキャッチボール、してあげたいですよね」

といった言葉をかけたこともあった。

そろそろ外で元気よく駆け回る歳になる男の子を持ちながら、メタボ予備軍だったこ

のクライアントは、カウンセリング時のこうしたやりとりで一念発起。健康的に体を絞ることに成功した。

誰にでもこうした「目的」になりうること、モチベーションの着火剤があるはずだ。ジムに通ったりしてトレーナーにつく場合は、カウンセリングの時間を十分にとり、じっくりと話を引き出してもらうといい。

トレーナーはつけずに自力で行なう予定の人は、紙に書いてみるといいだろう。漠然と「やせたい」「腹筋を割りたい」と思っている、その真の理由は何なのか、自問自答して掘り下げてみるのだ。そうすれば、

・健康な肉体を手にして、経営者としての責務に邁進したい
・家族と過ごす時間をもっと豊かなものにしたい
・年齢に関わりなく何事にもチャレンジし続けられる自分でありたい

など、あいまいな動機の陰に隠れていた真の理由・目的があぶり出されてくる。

真の目的とは、自ずとやる気のスイッチが入り、考えただけでテンションが上がるようなものである。しっかり明確にしておけば、筋トレを続ける中で自分への励ましにな

り、モチベーションを上げてくれるのである。

自分の思考・行動パターンやクセを知る

「目的」が明確だということは、自分がどこに向かって進んでいるのかわかっているということだ。だからこそときにはつらい筋トレにも耐えられて、途中で投げ出してしまわない。

目指すゴールが明確なら、そこまでの道筋を計画的に描くこともできる。目的を達成するために、何を、いつ、どのくらい行なうのかといった具体的な目標を定めていけるのである。

ただし、そのためにはまず、スタート地点である現状を把握していなくてはならない。

カーナビならGPSが自動的に位置情報を表示してくれて、ドライバーは目的地を入力するだけで済むが、トレーニングの目標設定では、いまどこにいるのか（どんな状態なのか）自ら確認することが必要だ。

ビジネスの場でも、売り上げなどの目標設定をする際には、これまでの実績や営業先企業、顧客・市場動向など多岐にわたって分析するだろう。トレーニングも、これと同じように自己分析をするわけだ。

このとき意外と見落としがちなのが、自分の性格や行動・思考のパターンといったことである。これからトレーニングを続けていくにあたって、自分はコツコツと着実に積み重ねていけるタイプか、または短期集中型か。夏休みの宿題は早めに済ませて存分に遊ぶタイプだったか、新学期ぎりぎりまでため込んでしまっていたかなど、振り返ってみれば自分の行動のクセのようなものが見えてくる。

往々にして、短期集中タイプは熱しやすく冷めやすい傾向がある。やる気と意気込みは人一倍強いだけに、張り切って予定を詰め込むなど無謀な計画を立ててしまい、スタートの時点でつまずきがちだ。仮に初動はよくてもすぐに満足してしまい、先が続かない。こうしたタイプは、スタートで飛ばしすぎないで余力を残すような計画を立てることが大事だ。

宿題をズルズルと後回しにするタイプは、先を見通す想像力に乏しいといえる。いまのうちにやっておかないとあとが大変、早く片付けてしまえばラクだということをリアルに実感できないため、計画性を持ってものごとを進めることができないのだ。このタイプはまず、「計画を立てる」習慣を身につけるに限る。

それでも、生まれ持った性格や長年のクセというのはいきなり激変するものではない。私のクライアントにも、短期間で目を見張る結果を出したと思ったら、パッタリとジムに来なくなる人がいる。しばらくするとまたひょっこり現れて「いやぁ、やっぱり続けないとダメだね。油断していたら3キロ戻っちゃったよ」などと、再び筋トレに精を出すといったパターンだ。

これはこれで、長い目で見たその人のリズムなのである。集中して自分を追い込む時期と、気を抜いて多少の不摂生もよしとする時期。自分の性格や行動パターンを知っておけば、緩急つけて飴とムチを使い分けられるのだ。

腹太りのタイプを把握し、効率的に取り組む

体を鍛えて腹筋を割りたいのだから、身体面の現状把握ももちろん必要だ。鍛えて腹筋を割るためのトレーニングなら、現在の体重や体脂肪率、できれば筋量・

筋力も測っておくといいだろう。健康診断の結果も改めてチェックしておきたい。
人の体型は千差万別だが、腹太りのタイプは次のようにいくつかに分類できる。

①メタボ体型で張り出た太鼓腹
②中肉中背のたるみ腹
③一見やせているが下腹が出ている

腹の出方の状況には、食生活や運動をしているか否かなど、これまでの生活習慣が表れる。それに応じて、食事制限を重視すべきか、トレーニングは筋トレだけで十分かといった具合に、効率的な取り組み方は変わってくる。それぞれに適した方法を紹介しておこう。

メタボ体型は食事制限の達成感を自信に変える

腹全体が丸く突き出ていて、中から膨らんでいるようにパンパンに張っており、皮下脂肪をつまみにくいようなら、内臓脂肪型の肥満傾向であると考えられる。腹囲85センチ以上なら、メタボと診断される可能性も高い。

このタイプは概して食べすぎの傾向があり、それに対して日頃の運動量が少ないために、余ったエネルギーが腹まわりにたまってしまいがちだ。

ただ、内臓脂肪は皮下脂肪より落としやすいことが数々の研究で明らかになっている。運動量に対して摂取エネルギー量が多すぎるのだから、食事制限でそれを減らしてやれば、効果が出やすいのはこのタイプだ。脂肪分はもちろん、脂肪として蓄えられやすい糖質の摂取も控え、第5章にならった食事量と回数に変えていけば、短期間で結果が出やすい。

外見としては最も「腹が出ている」印象を与えやすいのが太鼓腹タイプだが、それだけにやせたときの変化も目に見えてわかり、周囲から驚かれるケースもあるだろう。本人の達成感も早いうちに得られやすいので、その自信を筋トレを継続していくモチベーションに活かしていける。

注意したいのは、短期間にやせて内臓脂肪が落ちてくると、それまでパンパンに張っていた皮膚が中身を失いダランとたるんでしまう可能性もあることだ。食事制限だけに頼るとこの事態を招きやすい。防ぐためには、トレーニングをしっかり行ない、食事制限と両輪で取り組んでいくこと、それまでの運動不足の生活習慣を改めることが不可欠だ。

また、このタイプは筋肉の代わりにたっぷりついた脂肪が内臓を支えているようなもので、腹の筋力が衰えている。トレーニング以外の時間もドローインを意識して過ごすようにし、腹の内側から筋力を取り戻す努力を怠らないことである。

たるみ腹は皮下脂肪を燃やす有酸素運動も取り入れる

30〜40代のビジネスパーソンに多いのは、②の中肉中背で腹がたるみ気味の体型だ。体脂肪率は20〜25パーセント前後といったところだが、それより多いこともある。前述した「体脂肪率30パーセントでもそれほど太って見えない」クライアントも然りだ。

たるみ腹は、増えてきた脂肪を腹筋で支えきれずにたるんでいる状態で、どちらかというと皮下脂肪型だといえる。腹の正面だけでなく脇腹にも皮下脂肪がついて二段腹になり、ベルトの両脇に肉が乗っかっているような体型だ（この部分はジャケットを着れば隠れてしまうため、スーツ姿だと一見太って見えないことになるのだが）。

皮下脂肪は内臓脂肪より落ちにくいため、たるみ腹タイプが成果を感じるにはメタボタイプより時間がかかるかもしれない。このタイプの取り組み方としては、食事制限で内臓脂肪を減らしながら、筋トレで筋力アップを図り、さらに有酸素運動をプラスして皮下脂肪の燃焼を促すようにする。

脂肪がエネルギー源として使われる時間の効率を考えると、有酸素運動は第4章で紹介した筋トレのあとに行なうのが理想的だが、筋トレの日と有酸素運動の日を交互に設けてもいいだろう。いずれにしても、短期集中型のように無理なプランを立ててあっという間に挫折してしまうことのないように、継続できる方法で取り入れることが肝腎だ。

ちなみに、さほどたるんではいないものの腹全体に締まりがなく、以前に比べて太ってきた……という人は、ずんぐりとした印象の寸胴体型をしているのではないだろうか。

そうした人はまだそれほど皮下脂肪がついていない状態で、食事に気をつけ、筋トレで筋肉を鍛えて基礎代謝を上げるだけでも成果は出やすい。

しかし、皮下脂肪が少ないとはいえそのまま放っておいては時間とともに筋力は衰え、脂肪がたまりやすくなる一方だ。油断せず、いまから手を打てば腹筋を割るための時間も労力もそれだけ節約できるだろう。

下腹太りは常に腹筋に意識を向けて目覚めさせる

脂肪は、体の中の使っていない場所にたまっていく。一見やせているが下腹だけ出ているという③のタイプは、腹筋を使えていない典型的な例だといえる。

もともとやせ型で食べる量も少なめ、内臓脂肪、皮下脂肪ともに全体的に少ないため体脂肪率は10パーセント台、手足など腹以外は年齢とともに細くなったという人も少なくないだろう。

このタイプは、衰えてしまった腹筋を目覚めさせ、使えるようにすることが先決だ。食事制限も、やせるために量を減らすより、筋肉をつけることを重視する。

そのために高たんぱく食材や抗酸化食材を分食スタイルで十分に摂ろうとすると、いままでの食事量より増える可能性が高いが、そこは「食べた分は運動で使う」ようにする。第4章の筋トレを習慣化して行ない、しっかり食べて使える体に変えていくことが必要なのだ。

これまで述べてきたように、腹筋はどんなスポーツのどんな動作でも使われている筋肉で、日常動作においても腹筋を中心にしたコアを使って動くのが本来の正しい使い方だ。そもそも腹筋には、内臓を支え、姿勢を保つといった年中無休の重要な役割があるところ、③のタイプはこの部分が衰えてしまっている。日常生活の中でもドローインの時間を増やして、常に腹筋を使っている状態に持っていくようにしたい。

また、腹筋の基本機能が衰えていると、正しい姿勢を保てないため猫背になったり、下腹を突き出して首が前に出るような姿勢になりがちである。ドローインをする際には背筋を伸ばして背筋の力も使うことを意識し、トレーニングも、「ドッグ＆キャット」のようなストレッチを取り入れて腹筋と背筋をバランスよく使えるようにしていくことが大切だ。

目標は数値で設定する

自分の性格や行動パターンを知り、身体面の現状を把握したら、次は目標を具体的に設定する。

先ほどトレーニングの「目的」を明確にしたが、目的とは「最終的にどうなりたいのか」「何のためにそれをやるのか」ということであり、目標とは「そのために何をクリアしていくか」という道しるべのようなものだ。

目標は、目的までの道のりをブレイクダウンしてそのつど超えていくもので、カーナビでいえば「この先300メートル、右方向です」のアナウンスだといえる。その交差点を目指して進み、確実に右折する（クリアする）ことで、またその先の道がわかり、次の目印を目指していける。

トレーニングでいうなら、まずは目指す地点を数値化して明確に把握する。「健康的に腹筋を割って思考も冴えた男になる」のが目的であれば、それに見合う体を数値化するのだ。

ここではわかりやすく、腹筋が割れるレベルとしてどんな体型タイプにも共通する大まかな目安を挙げておこう。

◆体脂肪率

11〜13パーセント。それには現状から何パーセント減らす必要があるかを把握する。

◆体重

現状から「◯キロ減らしたい」といったものでよい。自分が過去、見た目に満足していて体調もよく、動きやすかった頃の体重を目安にしてもいいだろう。体脂肪率を◯パーセント減らしたいなら、重さにして何キロかを計算してみる。

その他、腹囲などのサイズや、健康診断の検査値をどれだけ下げたい（上げたい）など、数値化できるものは極力数値で把握する。

ビジネスの成功哲学や自己啓発の世界では、「成功イメージは数字ではなくリアルな感覚や感情で描け」といわれる。年収1000万円を目指したいなら、「1000万」という数字よりも「年収1000万円での暮らしぶりや、そこで得られる感覚や心地を強くイメージせよ」というわけだ。

トレーニングも「目的」はこれと同様に、たとえば「溌剌とした若い体で子どもとキャッチボールをしている自分」の感覚をイメージして、リアルに体感してみるといったことは非常に有効だ。

だが、これに対して「目標」は、数値ではっきりと設定することをおすすめする。

トレーニングの世界は、体重・体脂肪率だけでなく、シットアップを何回、ウエイトは何キロ、たんぱく質を今日は約何グラム摂取した、先月より何パーセント体脂肪率が減ったというように、数値なしには成り立たない世界だ。

そこで、数ではっきり設定すれば、クリアすべきものが明確にわかり、そこまであとどれだけあるのかも把握しやすい。

筋トレを始めてみればわかるはずだが、「限界だと思ってからのもう一踏ん張りが大事です」などと漠然としたアドバイスをされるよりも、「もうダメだ」と思ったところでトレーナーに「あと3回でクリア！」と発破をかけられた方が、頑張れるものなのだ。

数値で目標を設定すると、達成できたか否かの判定も明白だ。

「前回より◯回多くできた」といった数字でわかる成果は、思った以上の達成感・満足感を与えてくれる。その快感が、さらに高みを目指したくなるモチベーションを生み出すことにつながる。

仕事のできるビジネスパーソンを見ればわかるだろう。売り上げや契約件数など、言われなくても自ら進んで数値目標を設定して、意識的に仕事に取り組んでいる人が多いのではないだろうか？　ただ漫然と会社に行き、給料分働けばよしと思っている人とは結果に差が出る。トレーニングも同じなのである。

腹筋を割る不動のルールに背かない

第一線で活躍する経営者や優秀なビジネスパーソンたちは、忙しい仕事の合間を縫ってジムに通い、体を鍛える。

この「合間を縫って」という言葉は実は少々クセ者で、これができるのは「思いがけず時間が空いたら、迷わずジムに行く」という思考習慣や行動パターンがすでに身についている人の場合である。そして彼らは、思いがけず時間が空いたとき以外もそれぞれのペースでジムに通うことをルールとしており、それを守っている。

多くの人は、これができない。

思考のベクトルは「時間ができたら、ジムに行こう」の方向で、しかし現実問題として働き盛りのビジネスパーソンの生活の中で、時間などそう都合よく余るものではない。結局、トレーニングは後回しとなり、「今日も行けなかった」「昨日も行けなかった」と「できなかった事実」だけを積み重ねていくことになる。

優れた経営者のような思考習慣を身につけるためにも、トレーニングは計画性を持って臨むことが必要だ。

ジムに行く回数や自宅で行なう時間、食事の摂り方などのプランを立て、ルールを決めるのである。これまで述べてきたトレーニングや生活習慣についてのおさらいも兼ねて、ここでも大まかな目安を挙げておく。

◆トレーニングの頻度の目安

①ジムに通う場合

気分転換やストレス解消目的なら1回でもいいが、筋肉をつけて腹筋を割りたいなら、なるべく週2回。週1ペースでは次のトレーニングまでに筋繊維超回復の期間が過ぎてしまい、筋肥大につながらない。

②自宅で行なう場合

第4章のトレーニングのストレッチは毎日、「A」と「B」は1日おきに行なう。もちろん、ジムに通う人も自宅での筋トレをプラスした方が効果的だが、その場合も筋肉が十分な休養を得られるよう、毎日は行なわないようにする。

◆食事制限

第5章で紹介した「吉田式分食スタイル」のメニューを基本に、ウエイトダウンをしたければ糖質も控える。回数は2〜3時間おきに1日5〜6食とする。また、寝る前2〜3時間は食べないようにする。

◆睡眠

夜12時前にはベッドに入るようにし、4・5時間、6時間、7・5時間のように90分単位で睡眠時間の長さを決める。深夜2時に寝て朝6時半起きの4・5時間睡眠でも快調だという人が筋肉をつけるためにトレーニングを組み込むなら、寝る前に行なうより就寝時間を早めて早朝に行なう方が、成長ホルモンの分泌が高まり筋肥大につながる。

これらがこの先続けていくトレーニングと生活習慣の基本ルールである。

この本が目指すのは、筋肉を減らさず脂肪だけを削ぎ落とし、コアから正しく使える機能的な体になること、それによってシックスパックのたくましい腹筋を手にすることだ。そのためになぜいま挙げたような取り組み方が有効なのかは、再三述べてきた。逆に言えば、こうした方法でなければ理想の腹筋は手に入らない。

腹筋を割りたければ、これがルールだ。

あとは自分自身で納得しルールとして設定するかどうか、そして実際に「やるかやらないか」なのである。

半強制的に筋トレを予定に組み込む

ところで、「時間がない」は多くの人がトレーニングや運動をしない理由（言い訳）

にする言葉だと思うが、本当に時間はないのだろうか？

　これから先、ルールに従って腹筋を割るライフスタイルに変えていくなら、日々の時間の使い方、1週間なら1週間のスケジュールを振り返ってみてほしい。

　たとえば、第4章で紹介した筋トレメニューは、クランチの回数が20回から50回に増えたとしても、ひととおりこなすのに20分もかからない。

　だとすれば、朝30分早く起きることはできないだろうか？

　もし「それはムリだ、ギリギリまで寝ていたい」と思うなら、どうして朝起きられないのだろうか？　寝る前にテレビやネットを見ながら夜更かししていて、時間を無駄にしてはいないか？

　あるいは最近は朝活と称して仕事や勉強をしている人も増えているが、資料や本を読むのは通勤電車の時間に回して、その分をトレーニングにあてられないか？　このように、考えられることはたくさんあるはずだ。

　もちろん、朝に限った話ではない。1日6食の分食スタイルにするなら、昼食は時間をずらして簡単に済ませ、昼休みに通えそうな会社近くのジムを探してみたり、夜、飲みに行く回数を減らせないか、見直すこともできるだろう。

そうして「時間を捻出できる場所」を見つけたら、そこに週2回のジム、または1日おきの自宅筋トレの予定を組み入れる。手帳に書く、スマホに入力するなどして、「とにかく予定を組んでしまう」のである。

最近は多くの企業がグループウエアを導入し、自分以外の人のスケジュールを確認できたり、時間が空いていれば本人に確認しなくてもミーティングなどの予定を入れてしまえるようになっている。これと同じように、時間を捻出したら半ば強制的にトレーニングの予定を入れてしまうのだ。

できるかできないかは、ここでは考えなくていい。腹筋を割るための不動のルールがすでにあり、1日おきの自宅筋トレ（または週2回のジム）はルールで導き出された明確な数値目標だ。だとすれば、ここと ここをクリアすれば目標が達成できるという具体的な「コマ」を持つことが大事なのだ。

たとえば月・水・金の朝7時から30分、この3回ができればその週の目標はクリア。翌週もまた1コマずつクリアしていく。この積み重ねで、ナビの案内に従って交差点を曲がり目印を越えながら目的地へ走っていくように、割れた腹筋に確実に近づいていける。

食事も計画を立ててスマホに入力

筋トレをするのにこうした意識で計画性を持って取り組んでいる人は少ないと思う。筋トレが続かない大きな原因のひとつは、計画性がなく、状況に流されてしまいやすいことだ。漠然と「1日おき」とは思っていても、具体的に予定として組み込んでおかないと「今日は筋トレの日だが忙しいな。いつやろう?」となり、結局「時間がなかった」。やらないことになりがちなのだ。

トレーニングだけでなく、食事のスケジュールも手帳やスマホに入れておくことをおすすめする。

ルールに沿った内容を基本に、たとえば長引くとわかっている会議があるなら、分食をいつ摂るか決めておく。会食の予定があるなら、次の2日間は何をどう減らして調整するかといったことを、あらかじめプランしておくのだ。ここでも、酒量を減らしたいなら家で飲む回数は何回までと決めるなど、明確に数値化するのがポイントだ。次に述べる「振り返り」と「分析」がしやすくなるからだ。

PLAN・DO・CHECKで進める

トレーニングや生活スタイルの計画を立てたら、それを実行すれば終わりではない。

ビジネスでは「PLAN（計画）」「DO（実行）」「CHECK（確認・分析）」の3つを順に繰り返していくことで全体を向上させていくように、トレーニングも、計画に沿って実行できたか、目標を達成できたかなど、経過や結果を振り返り分析してみるのだ。

実際のところ、自分の性格や生活環境を加味してしっかり計画したつもりでも、そのとおりにできないことはあるものだ。そんなときは、できなかったという結果云々ではなく、できなかった「原因」を考える。

原因がわかれば、対応を考えられる。計画を改めたり、いろいろなケースが考えられるが、たとえば次のようなものがあるだろう。

①計画自体に無理があり実現不可能

短期集中タイプが張り切りすぎて無謀なプランを立ててしまうことがあるように、そもそも目標や計画自体が達成しづらいものだったということはままある。ジムに通うのは週2回が原則であるところ、「よし、ならオレは3回行くぞ」と自らハードルを上げてしまうようなケースである。より高い目標を自分に課して人より抜きん出ることを美学とするタイプの人にありがちなのだが、目標や計画は、あくまで現実に照らして無理のない範囲で設定すべきだ。計画を立てたら、実行に移す前に本当にできるか頭の中でシミュレーションして検証し、より実現可能性の高いものに修正していくようにしたい。

②自分の性格や行動パターンを見誤っている

夜型の生活を送っている人が、いきなり朝型に切り替えて早朝に筋トレのスケジュールを組むといったケースである。腹筋を割るために一念発起して生活パターンを大幅に変えられることもあるが、「できないこともある」ということだ。こんなときは、夜の過ごし方を再度見直して無駄なものを削る（代わりに筋トレをそこに組み込む）、実現可能な範囲で徐々に朝型に変えていくなど、改善策はいくらでもある。

③物理的な要因

昼休みにジムに通おうと思ったが、思ったより時間がなかった。あるいはその週はたまたま忙しく午前の仕事が昼までに終わらなかったなど、物理的な要因で計画どおりに進まないこともある。前者は計画を立てる時点で見通しが甘かった。トレーニングの時間を設定し直す必要がありそうだが、後者のような事態は、頻繁に起きるのでなければ翌週からまた気持ちを新たに始めればいい。いずれの場合も、状況を客観的に判断して対応を決めるまでだ。

④メンタル的な弱さや甘え

疲れた、今日はやめようといった怠け心が出てしまうこともある。これも「サボってしまったが、まあいいや」で済まさずに、なぜサボりたくなったのか原因を探ることが大事だ。掘り下げてみれば、根底には①～③のような何らかの要因があって、それで億劫になってしまったのかもしれない。その場合は根本の要因を改善して、実現可能な計画に変えれば解決できるだろう。

また、やればできるのに怠ける、つい先送りにしてしまうのは、「目標」の意味を正しく理解できていない可能性がある。

目標として設定した週2回のジムや1日おきのトレーニングは、それをやれば割れた腹筋が確実に手に入る、不動の鉄板ルールである。ルールというと「厳しく縛りつけるもの」ととらえてしまいがちだが、実は、成果が保証されていて何のリスクもなく、必ずゴールに着けるレールのようなものだ。その上をただ走っていけばいいのである。

このように少し見方を変えれば、筋トレや食事制限も「やらねばならない嫌なもの」ではなく「ゴールに近づく途中の楽しみなもの」と見ることができ、やる気も湧くのではないだろうか。

「一喜」はしても「一憂」はしない

結果を振り返り分析するときは、「できなかったこと」にはとらわれなくていい。決めたことが守れなかった、できなかったとなると、そこだけにフォーカスして落ち込んだり、罪悪感や後ろめたさ、自分は駄目なんだといった自己否定の念を抱く人が中にはいるが、そんな気持ちは持たなくていい。「できなかった」は単なる事実に過ぎず、それ自体にいいも悪いもないからだ。

また、「できなかったが、まあいいや」と軽く受け流す人もいるが、これは一見楽天的なようでいて、できなかった事実から目を背けている場合がある。こうしたケースは、無意識のうちに筋トレや食事のことを考えないようにしたり、次のトレーニングの予定を確認しなくなるなど、ますます現実逃避の傾向を強めてしまい、フェードアウトしがちになる。

筋トレや食習慣の結果を振り返るときは、淡々と、原因を探り改善案を練ることに集中すればいい。できなかったからといって落ち込んだり自分は駄目だとジャッジする必要はどこにもないし、逃げなくてはならない恐ろしいものでもないのである。

一方、何か達成できたときは、自分で自分をほめてやる。

1日おきのルーティンを着実に守れた、シットアップの回数を増やせたといったときや、昼食に丼ものでなくチキンと野菜サラダを選べただけでも、スタンディングオベーション級にほめたたえる（頭の中でほめるのは誰も見ていないしタダである）。

これは大げさな話ではなく、達成の快感に存分に浸るし、脳が中毒性の欲求を発し快楽系ホルモンが活性化されることは第1章で述べたとおりだ。「ほめる」ことは脳が得る達成感をより高め、心身に好影響をもたらすのだ。

ちなみに、脳にはマス目などに空欄があると埋めたくなる性質、埋まると心地よいと感じる性質があるそうだ。計画をスケジュール帳に書き込む際には、チェック欄をつくり、達成したら印をつけるといったことも脳に視覚からの刺激を与える。ここでも、チェック欄は「やらねばならないTO DOリスト」なのではなく「ほめるチャンスがこんなにある！」。前向きにとらえて楽しんでいってほしい。

段取り八分・仕事二分、筋トレも二分

トレーニングや生活スタイルの計画（PLAN）は1週間単位で組み立て、実行（DO）したら、週末などにその週の振り返りと分析（CHECK）を必ず行なう。達成できなかったことがあるならじっくり時間をかけて原因を探り、改善案を考える。それを基に、また翌週の計画を立てて手帳やスマホに書く。

効率的に腹筋を割るためには、このようにPLANとCHECKに時間を割くことが重要だ。

ところが、ほとんどの人はこの部分をやっていない。

「腹筋を割るならとにかく筋トレ」と考え、DOにしか目がいかないからだ。というより、筋トレにPLANやCHECKが必要だとは思いもしなかったのではないだろうか。

しかし、腹筋を割ろうととりあえず始めてみた、そのやり方（PLAN）がいいか悪いか、自分に合っているかといったことは、分析（CHECK）してみなければわからない。もっと時間を短縮できて、手間や負担の少ない方法もあるかもしれないのだ。

ビジネスではよく「段取り八分、仕事二分」といわれる。

トレーニングも、実際に行なうＤＯの部分はほんの2割と思っていい。あとの8割でどれだけ優れた段取りを組めるか、問題点を探ってよりよい方法を考えたり、無駄のない効果的なプランを練ることにこそ時間と労力をかけ、それが2割のＤＯの質を向上させる。

私自身、トレーナーとして仕事をする中で、実際にトレーニング指導をするのは全体の2割くらいのものだ。それ以外は、よりよい方法はないか国内外から最新の情報を集めたり、新たなメニューを組んで実際に試してみたりといった段取りにあてている。そこで生まれたものをいかに凝縮して短い2割の中に活かしていくか。ジムにいる時間だけが仕事ではなく、目に見えない8割こそメインだと思っている。

腹筋を割るための取り組みも、トレーニングの時間はなかなかとれなくても、ＰＬＡＮやＣＨＥＣＫは週末に限らずいつでもできる。スーツを着ていても、電車の中でも。10のうち8も満たせるのだ。

その8割の中で試行錯誤を繰り返すうちに、「できなかったこと」は少なくなり、達成の実績が増えていく。ルールを守るための自分なりのルーティンが確立され、イレギュラーな状況に対する解決の知恵も増していく。腹筋を割るためのノウハウが蓄積されて、自分だけのオリジナルの「腹筋ハウツー本」がつくれるのだ。

ＨＩＲＯさんを見ていても、成功している経営者も、各々こうしたオリジナルの書籍を自分の中にお持ちのように感じる。

軸となる書籍ができていれば、新たな方法やメソッドが続々とブームになる中でも、翻弄されることがない。自分にとって必要で効果的なものなのか、真価を見極める分析力や判断力も養われ、よいものは柔軟に取り入れながら自分の書籍を進化させていけるはずだ。

腹筋を割りたい人それぞれのオリジナルの書籍ができあがり、いま手にしているこの本に取って代わる日。それは、言ってみれば私にとってひとつの目標達成の日ともなるのだ。

その日が１日でも早く来るように、腹筋を割るためのスタートダッシュを加速する２

週間の短期決戦プログラムを次頁から紹介する。

2週間で腹筋を割る短期決戦プログラム
――1か月でマイナス10キロも可能な最新プログラムを腹筋用にアレンジ――

> 前提　現状を把握する。
> ①体重、体脂肪
> ②1日の食事量（139頁参照）
> ③1日の運動量・活動量
> この前提から体脂肪率11～13パーセントを目指す。

鉄則1 「筋トレ」＋「食事」の総コマ数で考える

●筋トレができるのは1日1回。複数回行なうのは非現実的であり、筋肥大

（筋繊維超回復）を考えると1日1回×週3回が限度。

●一方、食事は普通に摂るなら1日3回、1週間で21回。2週間では筋トレ6回＋食事42回となる。

●実際には1日6回の分食を行なうが、1日3食をそれぞれ2度に分けて0・5回ずつとし、総数は42回でカウントする。

➡合計48回を総コマ数として完全クリアする。この中で結果を出す。

鉄則2 「筋トレ」＜「食事」の比重で取り組む

●週3回の筋トレだけで1キロ落とすのは難しいが、21回の食事では容易に落とせる。

➡食事を重視してルールを厳守する。

◆2週間／筋トレのルール

・筋トレを週3回、1時間／回行なう。ジムに通う方がベター。

・第4章のストレッチなら毎日、規定の回数から始める。

・有酸素運動（ランニング20分またはウォーキング40分など）を週2回行なう。

・筋トレは種目ごとに設定した回数をクリアできたら3回ずつ増やす。

筋肉は負荷に負けて筋繊維が損傷することで超回復が起きるが（「過負荷の法則」という）クリアできた回数のまま続けても筋肥大は起きない。10回をクリアしたら13回に増やす。それで12回しかできなくてもOK。過負荷の状態になっているので筋繊維破壊↓超回復が起きる。

◆2週間／食事のルール

・吉田式分食スタイルを基本にする（150頁参照）。

・ただし、2週間の期間中は糖質は摂らない。

・同じく期間中はフリーデイも設けない。
・アルコール、菓子類、果物も期間中は摂らない。
・カロリーは気にしなくてよいが、「食べるもの」を遵守する。
（ルール以外のものを食べなければカロリーオーバーにならない）
・2週間を超えても続ける場合は、許容範囲内で糖質も摂取する。

◆2週間／その他のルール
・常にドローインの状態を保つ。
・歩き方に注意する。ドローインをキープし、コアを意識して尻と腿の裏側を使う。
・エスカレーターを使わない、1駅分歩くなどトレーニング以外で運動になる要素を毎日行なう。

即効性を望む人も、自ずと長く続けたくなる

これは私のジムで2014年春から導入し、1か月に最高10キロ減、平均でも5〜6キロ減を達成している最新プログラムをベースにしたもので、さらに2週間で腹筋が割れるようアレンジされている。

糖質やアルコールを断つなどの制限事項はあるものの、それだけの効果が出ている内容であり、即効性を望む人にはもちろん、長期で取り組む際にも実は大きなメリットがある。

というのも、筋トレやダイエットが続かない大きな理由は、初期段階で目に見える成果が出ないことだ。

その点このプログラムは、期間内に行なえる筋トレと食事それぞれの回数に着目し、より「実施できる回数の多い」食事を重視している。短期間での減量には運動より食事制限が効果的なことから、数日で体重・体脂肪率に変化が出る。開始後間もなく達成感が得られるため、満足度が高く、やる気を維持できるのだ。

同時に、減量によって筋肉まで落ちてしまわないよう筋トレで筋量を保ち、基礎代謝

量を上げてリバウンドを防ぐといった長期的な効果もねらえる。

2週間後には腹を覆っていた皮下脂肪が落ち、「誰でももともとから割れている腹筋」が浮き出ている可能性は高い。この達成感は強い自信につながり、脳やホルモンの中毒性も発揮される。

まだうっすらとしていても、確実に現実のものとなったシックスパックを手にして、そこでやめたいと思う人がいるだろうか？　私のジムで取り組んだクライアントも、全員が6月現在も引き続きプログラムを続行中である。短期に集中して取り組むつもりだった人も、「もっとたくましく」「さらにキレのある腹筋に」とモチベーションが上がり、自ずと長期の取り組みへと自然に移行していけるのだ。

あとがき

学生時代に陸上でオリンピックを目指していましたが、100メートル10秒4という記録しか出ず、選手としては思う結果を残せなかった私です。そのため現役引退後には選手の裏方でサポートしてオリンピック選手を輩出したい！　という気持ちからトレーナーを志し、いまでは多くのオリンピック選手に関わることができています。

しかし、私は日頃、ジムで体を鍛える時間は少なければ少ないほどいいと思っています。アスリートのクライアントに対して「トレーニングをもっとやった方がいい。ジムに来る回数を増やしてください」とアドバイスすることはまずないし、これから腹筋を割ろうとする人に対しても同じです。

あるプロ・スポーツチームの専属トレーナーがこんなことを言っていました。

「毎日ジムに来て、長時間熱心にトレーニングしている選手がいる。でも試合での活躍ぶりや選手としての成績はというと、決してよくないんだよ」

　プロのスポーツ選手は、ピッチやグラウンドで結果を出し、成績を残してこそプロ。ジムに2時間いて結果につながらないなら、家で体を休めた方がパフォーマンスが上がる可能性もあります。

　どんなクライアントにとっても、ジム以外の場所にいる時間の方が重要です。そのメインステージの方に、私の目も向いてしまうのです。

　トレーニングの時間を、いかに効率のいいものにするか。それ以外の時間を有効に過ごしてもらうために、何ができるか。同じ効果が得られるなら、1時間かかるトレーニングより10分で終わるトレーニングの方がいいに決まっています。そうすれば50分休めるし、あるいはピッチャーならバッターの分析ができる。バッターならピッチャーの分析ができ、ゴルファーならコースの分析ができる。パフォーマーならダンスレッスンやステージのリハーサルにより多くの時間をかけ、ビジネスパーソンなら、自分の仕事にエネルギーを注ぐことができるのです。

　アスリートやパフォーマーが本業に集中するために無駄な時間を削っていくのと、忙しいビジネスパーソンがハードワークの中で体づくりをしていくのは本質的には変わらないでしょう。必要なものだけにターゲットを絞って集中して行ない、短い時間で結果を出せれば、モチベーションが上がってまた継続していくことができます。体づくりで得られた達成感や自信は、仕事にも活かされ、好循環が生まれていきます。

いま、これだけ忙しい現代人の生活の中で、いかに効率的でクオリティの高いトレーニングやメソッドを提供できるかに私たちトレーナーの真価が問われていて、そこが力を発揮できる部分だと思っています。本書でも、そのような意識で皆さんにとって本当に必要なこと、有効なことをお伝えしたつもりです。腹筋を割るには体の使い方を根本から見直す必要があることや、トレーニングそのものより八分の段取りに力を注いでほしいこと、どれも、最終的には最短ルートで目的地に到達できる近道です。

腹筋を割るためには、トレーニングに食事制限などやることが増え、時間的にも労力の面でも負担が増すように思えるかもしれません。しかし、時間を捻出する努力が仕事のスピードを速くするなど、ひとつの効率化はほかへと連鎖し、相乗効果が生まれます。忙しい中でも余裕を感じられたり、日々の充実感も増していくのではないでしょうか。

また、日頃の行動パターンを振り返り、生活全般を見直してみるなど、腹筋を割ろうとすると自分と向き合う機会が増えます。ビジネスパーソンとして、人としての成長につながるのだと思います。

実は、私にはオリンピックと並ぶもうひとつの夢がありました。それは「トレーニングに関する考え方や意識を啓蒙する本を出す」ということでした。

今回、この本でそれが実現しました。１対１で指導するパーソナルトレーニングでは限られた人にしか伝えられないところ、書籍によって、より多くの方に正しい情報をお伝えできると思うのです。

この本の書名にもある「割れた腹筋」の象徴、ＥＸＩＬＥ　ＨＩＲＯさんには、いつも多くのチャンスをいただき心から感謝しています。ＬＤＨのアーティストが最高のパフォーマンスを発揮できるよう、今後も精一杯サポートして恩返しをしていきたいと思っています。

また、食と栄養に関する私の先生でもあるオーガスト・ハーゲスハイマーさん（株式会社アピオス代表）にもお力をお貸しいただきました。そして今回の出版の機会をくださった幻冬舎の三宅花奈さん、ライターの篠田麻由美さんにも、私の思いが伝わる書籍にしていただきました。原稿のチェックを手伝ってくれた弊社のディレクター見山君、Pコアのスタッフの皆さんもありがとうございます。

あと数ページめくり、本を閉じたときから、いよいよ「腹筋を割る生活」がスタートします。理想の腹筋とともにさらに進化・成長した自分が手に入ることを、大いに楽しんでください。私にとってもそれはエキサイティングなことです。

そしていまこの瞬間にも、あなたの腹筋はすでに割れていて、あなたという人間のコア（軸）を中心から支えていることを、どうぞお忘れなく。ポテンシャルはしっかり存在していて、表に引き出されるのを待っています。

著者略歴

吉田輝幸《よしだてるゆき》

一九七五年生まれ。埼玉県出身。
国士舘大学体育学部卒業。パーソナルトレーナー。
大学卒業後に本格的にパーソナルトレーナーの道を進むため渡米。
正しい体の使い方、正しい動きによって
最高のパフォーマンスを引き出す「Pコアトレーニング」を提唱し、
EXILEフィジカルトレーナーとしても活動。
著書に『EXILEフィジカルトレーナー・
吉田輝幸のキレのあるカラダをつくる体幹トレーニング』
(PHP研究所)などがある。

幻冬舎新書 353

腹筋を割る技術

二〇一四年七月三十日 第一刷発行

著者 吉田輝幸
発行人 見城 徹
編集人 志儀保博
発行所 株式会社 幻冬舎
〒一五一-〇〇五一 東京都渋谷区千駄ヶ谷四-九-七
電話 〇三-五四一一-六二一一(編集)
〇三-五四一一-六二二二(営業)
振替 〇〇一二〇-八-七六七六四三
ブックデザイン 鈴木成一デザイン室
印刷・製本所 株式会社 光邦

Printed in Japan ISBN978-4-344-98354-0 C0295
よ-4-1

幻冬舎ホームページアドレス http://www.gentosha.co.jp/

*この本に関するご意見・ご感想をメールでお寄せいただく場合は、comment@gentosha.co.jp まで。